JEAN-LUC GODARD

RAYMOND LEFEVRE

Cinégraphiques
Collection dirigée par François Chevassu
Maquette : Annie Huart

ISSN 0292-7845 - ISBN 2-85601-041-5

Sommaire

Photo de couverture : *Sauve qui peut la vie,* de Jean-Luc Godard.

Jean-Luc Godard et Raoul Coutard pendant le tournage d'*Une femme mariée*.

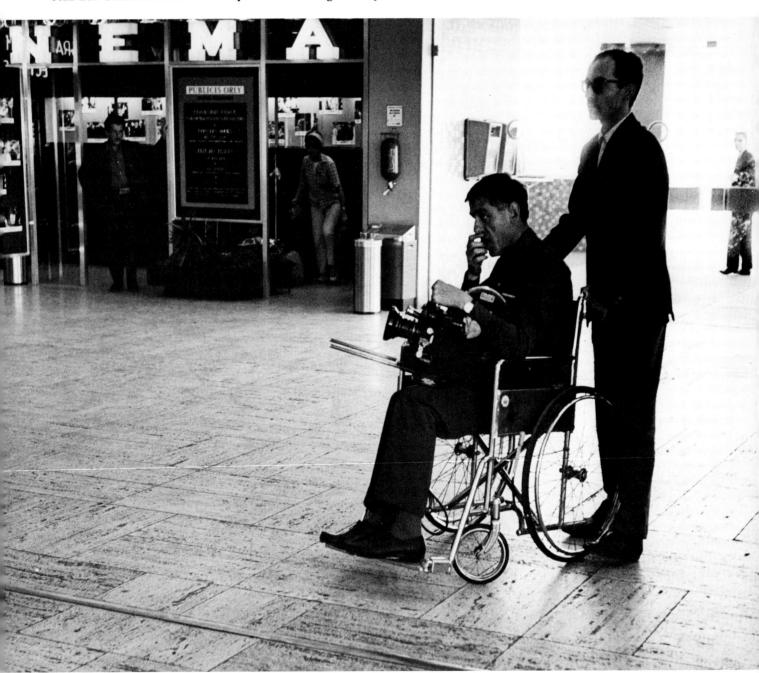

Un certain fond de cinéphilie

Ce livre pourrait commencer par une évocation nostalgique des riches heures de la cinéphilie. « Qui n'a pas connu les écrans des années cinquante, n'a pas connu l'âge d'or de la cinéphilie », comme aurait pu dire le vieux monsieur merveilleusement radoteur des *Belles de nuit* du grand René Clair.

Parlons donc de cette ambiance exaltante, alors que le jeune Jean-Luc Godard fait partie de ce groupe de cinéphiles insatiables qui fréquentent assidûment les ciné-clubs à leur apogée, et plus particulièrement le Ciné-club du Quartier latin. Extraordinaires moments. Un public neuf et assoiffé d'images découvre *L'Atalante, La symphonie des brigands, L'âge d'or, Le cuirassé Potemkine, L'ange bleu, L'opéra de 4 sous, Sous les toits de Paris, Rome ville ouverte, Après le crépuscule vient la nuit, La passion de Jeanne d'Arc…*

La salle obscure devient jardin d'Épicure. On se retrouve entre amis, entre complices, un peu à la manière du « Vivons cachés » qui servait de maxime au grand philosophe du plaisir. On veut tout voir. Et tout de suite. Dans les salles d'exclusivité, dans les salles de banlieue ou dans les ciné-clubs. A Paris, on court à la Pagode, au Marcadet, aux Ursulines, au Troyon, au Midi-minuit, au Vendôme, aux Reflets, au Broadway « la salle de l'élite »…). On découvre le cinéma américain de Hawks, de Preminger, de Ford, de Wyler, de Sturges, d'Hitchcock, de Lang, de Minnelli, de Walsh, de Welles…

Pour rien au monde, on ne manque les « mardis du Parnasse », un des lieux les plus pittoresques de la cinéphilie de l'époque. Près du métro Vavin. Ces mémorables soirées du mardi sont animées par notre ami Jean-Louis Cheray, un directeur de salle pas comme les autres. Mince comme un lévrier et cheveux en brosse, Jean-Louis commençait le débat par le jeu des questions. Une place gratuite récompensait le meilleur sprinter de l'érudition cinématographique. Le débat était souvent tumultueux, avec un Cheray impassible comme le Buster Keaton du *Dernier round*. L'ex-directeur du Studio Parnasse peut se vanter d'avoir connu la Nouvelle Vague en culottes courtes. J'espère qu'il a conservé précieusement les grands livres où chacun pouvait écrire ses impressions, ses désirs et ses récriminations. Une mémoire de la cinéphilie.

On rencontre souvent des visages familiers à la librairie du Minotaure ou à la librairie de La Fontaine, rue de Médicis. On y trouve de tout. Revues, collections disparues, photos, documents rares, publications étrangères. Beaucoup de vocations de collectionneurs ont commencé là. A la librairie de La Fontaine, le maître de céans semble sortir d'un film des frères Prévert. Sérieux jusqu'à l'ascèse, il applique un tampon encreur sur tout ce qu'il vend, laissant une trace indélébile, comme pour pouvoir récupérer un jour les trésors dont il se sépare. Tout achat semble lui fendre le cœur, et il règne sur son petit empire de papiers rares comme Henri Langlois sur sa pellicule.

La cinéphilie des années cinquante possède aussi son guide spirituel, André Bazin, critique aux : « Cahiers du Cinéma » et animateur talentueux d'organismes de culture populaire comme « Jeunesses cinématographiques » et « Travail et Culture ». « Le seul critique qui l'ait été complètement », comme le dit Jean-Luc Godard, en établissant une nette ligne de clivage entre Bazin et les autres, c'est-à-dire les historiens et les sociologues comme Georges Sadoul, Bela Balazs ou Francesco Pasinetti.

André Bazin n'avait pas son égal pour faire partager sa passion du cinéma. Il savait, à partir de considérations techniques précises, dégager la signification éthique ou esthétique d'un plan, d'une séquence ou d'un plan-séquence. Ceux qui, comme moi, ont eu la chance d'écouter sa passionnante analyse du *Jour se lève* s'en souviennent encore. Chaque spectateur était invité à énumérer, sur une feuille de papier, les éléments de décor de la chambre de Gabin. En général, les objets étaient recensés avec justesse… Sauf une commode, que tout le monde oubliait. La fameuse commode à dessus de marbre située entre la cheminée et l'armoire.

Bazin triomphait.

Si le public avait oublié la commode, c'est qu'elle n'avait, à aucun moment, de fonction dramatique. Suivait une analyse remarquable de la perception de l'image… Lorsqu'il m'arrive de revoir *Le jour se lève,* j'entends encore Bazin et je ne vois pas la commode. C'est Bazin qui nous faisait découvrir le rôle dramatique de la profondeur de champ dans *Citizen Kane* ou dans *Hamlet*. Il va de soi que Jean-Luc

Godard pouvait préférer ces lumineuses conférences données dans le cadre de « Travail et Culture », aux cours d'ethnologie qu'il fallait gratter avec application.

Dans cette ambiance de cinéphilie, la province suit, ou innove. Des ciné-clubs prestigieux s'implantent solidement. En milieu rural, véritable désert culturel, les pionniers de l'UFOCEL (maintenant UFOLEIS), comme l'ami Raymond Debette, n'hésitent pas à pratiquer l'auto-stop, dans la neige, une copie 16 sous le bras, pour présenter *Les pionniers de la Western Union* ou *Massacre de Fort Apache* dans une classe d'école d'un village voisin. La cinéphilie engendre aussi des déviations perverses, comme les « stagites », aiguës ou chroniques. Il est difficile d'obtenir une place aux stages royaux de la Fédération française des ciné-clubs, à Marly-le-Roi. Les plus chanceux ont alors le privilège envié d'approcher les grands de l'époque : Jacques Prévert, Abel Gance, Luis Bunuel, Gérard Philipe, Juan Antonio Bardem, Jean Renoir... On peut suivre également les stages itinérants, plus modestes, organisés par l'UFOCEL, par Jeunesse et Sport, ou par la Fédération du cinéma éducatif, avec son animateur-pionnier, monsieur Cochin, toujours accompagné de sa fabuleuse mallette d'extraits de films. Une sorte de caverne d'Ali Baba, avec des séquences d'*Extase*, des *Trois pages du journal d'une fille perdue*, de *Variétés*, des *Deux timides*, de *La mort de Siegfried* et autres trésors de perception. A la demande des stagiaires, ces extraits passaient et repassaient dangereusement jusqu'au bout... sur les redoutables Debrie laboureurs de perfos.

Donc, la cinéphilie, avant de devenir sujet de thèses, ou appellation abusive, péjorative, était surtout une ambiance.

Mais elle avait son haut lieu. La petite salle de la cinémathèque de l'avenue de Messine. On y apprenait l'amour des images et le respect de la pellicule. Il fallait arriver un peu en avance. Pas de ricanements imbéciles ou de commentaires narquois pendant la projection des *Rapaces* ou de *l'Aurore*. Henri Langlois, chez lui, offrait à ses convives les splendeurs d'*Intolérance* ou des *Damnés de l'Océan*. Il y avait là des habitués. André Bazin, François Truffaut, Éric Rohmer, Jacques Rivette, toujours près de l'écran.

« On essayait de tout voir, confie Jean-Luc Godard à Jean Collet, on allait à tous les programmes de la cinémathèque. On voyait tout, systématiquement. »

Longtemps après, Jean-Luc Godard n'a jamais oublié ce qu'il doit à la cinémathèque d'Henri Langlois. En conclusion d'une émission télévisée peu après la sortie de *Passion,* il dresse ce bel hommage : « Ce qu'on a apporté, la Nouvelle Vague, et que moi j'ai gardé (je pense que Rivette l'a aussi gardé, sinon il se serait suicidé comme Eustache) c'est qu'on ne connaissait rien au monde (ni avant, ni après) et qu'on avait un oncle qui s'appelait Henri Langlois qui nous a montré des trucs. Il nous a donné envie de nous approcher du monde en fabriquant ces trucs qui s'appelaient « *le cinéma* », ce n'est pas moi qui ai inventé le mot. Et on a eu l'amour de ça. Un amour un peu dévoyé, un amour de transfert, qui avant d'aller à l'amour de la classe ouvrière, du prochain ou du pouvoir, passait d'abord par l'amour du cinéma. Et c'est ce qu'on a apporté, ce qu'on garde. Effectivement, les belles histoires d'amour sont dures à vivre. »

Les personnages de Jean-Luc Godard ont hérité de cet état d'esprit qui ne souffre aucun compromis. C'est ainsi qu'on peut comprendre le comportement de Jean-Pierre Léaud dans la très belle séquence du cinéma de *Masculin-Féminin*. A peine assis devant l'écran où passe un film érotique scandinave, style « Midi-minuit des années soixante », il proteste vigoureusement : « Oh, merde, ils projettent en panoramique... » Sa voisine n'avait rien remarqué. « Et alors ? »...

« Ah, non, non, continue Jean-Pierre Léaud, moi je vais aller gueuler. » Visiblement ulcéré par l'utilisation de l'écran-guillotine, comme seul un véritable amoureux du cinéma peut l'être, il quitte la salle, traverse la cour, gravit l'échelle qui mène à la cabine de projection, fait irruption près des appareils en marche et récite le règlement : « La fenêtre doit correspondre au format 1/65 ou 1/75, qui a été prévu lors du tournage du film. Le format 1/85 constitue une limite qui ne doit être dépassée en aucun cas, conformément aux stipulations de la recommandation internationale ISO.

« Hein ? Bon... »

L'oncle Langlois

Cet immense amour du cinéma et cette totale gratitude envers l'oncle Langlois, Jean-Luc Godard les a exprimés d'une façon parfaite au cours d'une séance de la cinémathèque consacrée à des films inédits de Louis Lumière. Le ministre André Malraux et le directeur du Centre national du Cinéma, M. Holleaux, étaient présents. Avant la projection, Jean-Luc Godard prend la parole. Le texte qu'il prononce est admirable. Une pièce d'anthologie. Il mérite la transcription totale.

« J'ai appris à l'école que Goethe, sur son lit de mort, avait réclamé plus de lumière. Il était donc dans la logique des choses, quelques années plus tard, qu'Auguste et Louis inventassent ce que nous connaissons aujourd'hui sous le nom de cinéma, et qu'ils en fissent la démonstration à Paris, puisque cette ville portait depuis longtemps leur nom.

« Il y a donc de cela soixante dix ans, c'est-à-dire le temps qui sépare le dernier Balzac du premier Picasso, le premier Matisse du dernier Faulkner, c'est-à-dire, en somme, rien. Et sans doute est-ce pour cette raison que l'honnête industriel lyonnais déclarait alors aux journalistes que son invention était sans avenir.

« Si cette soirée, monsieur le ministre des Affaires culturelles, est placée sous votre haut patronage, c'est bien sûr que nous savons tous aujourd'hui ce qu'il faut penser de cette humble prophétie... prophétie, j'en suis sûr, que monsieur le ministre des Finances trouverait lui aussi bien modeste, puisque l'établissement d'un rapport entre la perception rétinienne et la croix de

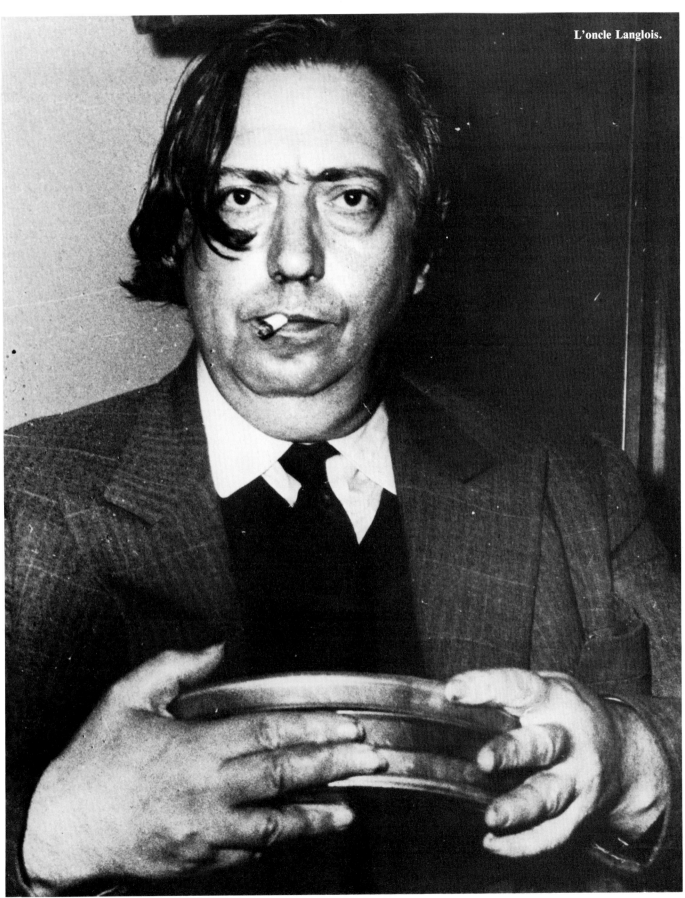

L'oncle Langlois.

Malte lui rapporte, bon an mal an, une trentaine de milliards.

« J'aime à penser qu'il y a soixante dix ans, nous étions à peu près le même nombre de spectateurs à nous réunir au Grand Café. Notre léger avantage est qu'en ce moment, à 22 h 35 environ, 400 millions de nos frères font la même chose dans le monde entier. Que ce soit dans les avions, devant les récepteurs de télévision, dans les ciné-clubs ou les salles de boulevard, que font-ils ? Ils boivent des paroles. Ils sont fascinés par des images. En un mot, comme Alice en face du miroir cher à Cocteau, ils sont émerveillés.

« Cette possibilité d'émerveillement serait impossible, je le dis tout net, car il faut regarder les choses en face — et c'est la seule vraie leçon de Lumière que, si une caméra est munie d'objectifs, c'est que le cinéma est à la recherche de l'objectivité —, cet émerveillement serait impossible sans des gens comme Henri Langlois.

« Le cinéma, en effet, et de là sans doute sa vocation populaire, c'est un peu comme le Tiers État : quelque chose qui veut être tout. Mais n'oublions pas qu'un film n'est rien s'il n'est d'abord vu, donc s'il n'est pas projeté.

« Les films de Louis Lumière ne sont rien. Tout à l'heure, grâce à Henri Langlois, ils vont devenir quelque chose : le Boston d'Edgar Poe, le Paris de Marcel Proust et de Claude Monet, bien d'autres choses et beaucoup plus encore, tout dépendra de vous. Du spectateur à l'écran, disait Eisenstein, et de l'écran au spectateur. Et Merleau-Ponty : '' Le film s'adresse à notre pouvoir de déchiffrer tacitement le monde ou les hommes et de coexister avec eux. '' Nous allons donc, ce soir, coexister avec le 28 décembre 1895. Étonnant duplex. Spectacle merveilleux d'un double point de vue : historique et esthétique.

« Quand je dis historique, j'entends qui a rapport avec l'histoire du cinéma.

« Ainsi on sépare d'habitude Lumière de Méliès. On dit : Lumière, c'est le documentaire, et Méliès le fantastique. Or, aujourd'hui quand nous voyons leurs films, que voyons-nous ? Nous voyons Méliès filmer le roi de Yougoslavie reçu par le président de la République, c'est-à-dire, les actualités. Et nous voyons pendant ce temps Lumière filmer chez les siens une partie de belote avec le style de Bouvard et Pécuchet, c'est-à-dire la fiction.

« Disons avec plus de précision que ce qui intéressait Méliès c'était l'ordinaire dans l'extraordinaire et Lumière, l'extraordinaire dans l'ordinaire. Louis Lumière, via les impressionnistes, était donc bien le descendant de Flaubert, et aussi de Stendhal dont il promena le miroir le long des chemins.

« Vous comprenez maintenant pourquoi ce grand inventeur refusait de parler d'avenir. C'est que le cinéma était d'abord l'art du présent, et qu'ensuite il allait être ce qui rapproche l'art de la vie.

« Tout cela, nous ne le saurions pas encore sans Henri Langlois. Et sans ses efforts gigantesques, l'histoire du cinéma ne serait aujourd'hui que celle de Bardèche et Brasillac, c'est-à-dire des cartes postales touristiques ramenées par deux normaliens aimables, certes, mais pas sérieux, du pays des salles obscures.

« On devine immédiatement quelle révolution peut apporter dans l'esthétique de l'image animée cette vision nouvelle de son historicité. Je ne m'étendrai pas là-dessus, c'est la tâche des critiques.

« Disons seulement que, grâce à Henri Langlois, nous savons désormais pêle-mêle, que les plafonds ne

datent pas de *Citizen Kane,* mais de Griffith, bien sûr, et de Gance, le cinéma-vérité pas de Jean Rouch mais de John Ford, la comédie américaine d'un cinéaste ukrainien, et la photo de *Métropolis* d'un opérateur anonyme français contemporain de Bouguereau. Nous savons aussi désormais qu'Alain Resnais ou Otto Preminger n'ont pas fait de progrès par rapport à Lumière, Griffith ou Dreyer, pas davantage que Cézanne et Braque par rapport à David et Chardin. Ils ont fait la même chose.

« Et, si mes paroles prennent brusquement le ton d'un grand écrivain, qui vous est familier, c'est parce que, monsieur le ministre, tout simplement, Henri Langlois a donné chaque vingt-quatrième de seconde de sa vie pour sortir toutes ces voix de leurs nuits silencieuses, et pour les projeter dans le ciel blanc du seul musée où se rejoignent enfin le réel et l'imaginaire.

« Ce musée, vous le savez tous, le monde entier nous l'envie. Ce n'est pas à New York que l'on peut apprendre comment Sternberg inventa la lumière de studio pour mieux montrer au monde le visage de celle qu'il aimait. Et ce n'est pas à Moscou que nous suivons la triste épopée mexicaine de Sergeï Eisenstein. C'est ici.

« C'est ici aussi, dans ce cinéma de quartier, que chaque dimanche les enfants viennent confronter leur jeunesse à celle des chefs-d'œuvre. Et si Proust passait par là, il n'aurait pas d'hésitation, dans ces jeunes filles affalées au premier rang, à reconnaître Albertine et Gilberte, ajoutant ainsi un nouveau chapitre au ''Temps retrouvé''.

« Grâce à Henri Langlois... Mon amitié et mon respect pour cet homme n'ont pas de mesure. On dira peut-être que j'exagère et provoque. A peine, je vous l'assure. Et j'enrage de voir quelquefois les misères que l'on fait à ce grand homme de cinéma, sans qui nous n'existerions pas plus que la peinture moderne sans Durand-Ruel et Vollard.

« On lui chipote le prix de quelques copies dont vous allez admirer tout de suite l'étonnante transparence. On lui reproche le choix d'un laboratoire,

2

3

1. **Jean-Louis Chéray aux grandes heures des mardis du Parnasse.**
2. *Les rapaces,* d'Eric von Stroheim.
3. *Le mépris.*

alors qu'il ne viendrait à l'idée de personne de chicaner sur leurs couleurs les peintres de l'École de Paris quand ils repeignent le plafond de l'Opéra.

« Grâce à Henri Langlois... Si je me suis permis, Mesdames, Messieurs, de parler un peu plus longuement qu'il est d'usage, c'est que je tenais à déclarer publiquement ma dette envers Henri Langlois et ses fidèles assistants. C'est aussi que je ne suis pas seul. Loin de là. Les fantômes de Murnau et de Dovjenko sont à côté de vous. Ils sont ici chez eux, comme Delacroix et Manet sont chez eux au Louvre ou à l'Orangerie.

« Et il est à la fois triste et réconfortant d'imaginer que si la Cinémathèque française avait été il y a trente ou quarante ans, ce qu'elle est devenue aujourd'hui, eh bien, peut-être que Vigo se serait consolé ici de ses malheurs avec Gaumont ; il y aurait repris des forces, et Stiller aussi après ses malheurs avec Garbo, et Stroheim aussi...

« Ceux d'entre vous qui ont vu, lors de leur passage en ces lieux, les visages émus et magnifiques de Lang, de Welles, de Pickford, de Rossellini comprendront ce que je dis.

« Pour tout cela, au nom du jeune cinéma français et, après tout, pourquoi pas, de tout le monde ; des industries techniques comme du Syndicat des acteurs, des loueurs de caméras comme des exploitants de province, des cinéphiles de banlieue comme des producteurs d'Hollywood, et bien sûr d'Auguste comme de Louis Lumière, merci Henri Langlois... »

Il allait de soi que cette admiration ne pouvait que descendre dans la rue lorsque le pouvoir gaulliste, qui gérait si mal les affaires de la France, se mit à reprocher à Henri Langlois une mauvaise gestion de la cinémathèque. Le 9 février 1968, sur magouilles du pouvoir, Pierre Barbin, alors responsable des Festivals de Tours et d'Annecy, accepte de remplacer Henri Langlois dans son poste de directeur de la Ciné-

mathèque française. Nouvelle incroyable. Le 14 février, des cinéphiles manifestent devant le Palais de Chaillot. La police charge avec la brutalité qui la définissait. Jean-Luc Godard est en bonne place devant les matraques gaullistes. L'auteur de *La Chinoise* et de *Week-end* est déjà dans le coup, puisqu'il est bien le seul à avoir annoncé le mois de mai 1968 dont les échauffourées de février 1968 servent en quelque sorte de prémices.

« Tiens, il y a la vie »

Mais revenons à cette cinéphilie des années cinquante, pour dire combien c'était une manière de se couper du monde, contrairement à la cinéphilie de 1968 qui fait le coup de poing. On entre alors en cinéphilie comme dans la caverne de Platon. Dans l'obscurité sécurisante on se nourrit d'images illusoires et on s'en trouve bien. Jusqu'au

2

jour où l'écran devient comme une fenêtre qu'on a envie de franchir pour accéder à la vie. C'est d'ailleurs exactement ce qu'a dit Jean-Luc Godard au fond de la caverne : « Tiens, il y a la vie. Alors, moi, je vais faire du cinéma pour découvrir la vie... »

Et il l'a fait. Il est sorti de la caverne cinéphilique. D'abord en écrivant, ce qui est déjà pour lui une manière d'accéder au cinéma. L'itinéraire professionnel de Jean-Luc Godard commence par une série d'articles et de courts essais. On rencontre sa signature (ou son pseudonyme, Hans Lucas) dès 1950, dans « La Gazette du Cinéma ». Il rédige une fiche filmographique consacrée au *Retour de Frank James* (Fritz Lang) dans « Image et Son ». Il écrit dans l'hebdomadaire « Arts » qui prépare l'avènement de la Nouvelle Vague, comme en témoigne cette première page bien mise en évidence dans *Tous les garçons s'appellent Patrick,* avec ce titre en gros caractères : « Le Cinéma français crève sous

J'ai même essayé de passer le concours de l'IDHEC, mais j'ai été recalé. Heureusement pour moi.

« Écrire, c'est déjà faire du cinéma, car entre écrire et tourner, il y a une différence qualitative, et non quantitative... En tant que critique, je me considérais déjà comme cinéaste. Aujourd'hui je me considère toujours comme critique, et, en ce sens, je le suis encore plus qu'avant. Au lieu de faire une critique, je fais un film, quitte à y introduire la dimension critique. Je me considère comme un essayiste, je fais des essais en forme de romans. Simplement je les filme au lieu de les écrire. Si le cinéma devait disparaître, je me ferais une raison. Je passerais à la télévision, et si la télévision devait disparaître, je reviendrais au papier et au crayon. Pour moi, la continuité est très grande entre toutes les façons de s'exprimer. Tout fait bloc. La question est de savoir prendre ce bloc par le côté qui convient le mieux. »
(Dans les Cahiers du Cinéma, décembre 1962)

1. *La règle du jeu.*
2. *Le jour se lève.*

Jacques Doniol Valcroze dans *Le bel âge*
de Pierre Kast.

J'ai toujours été en va-et-vient, et cela
dès mon enfance, avec une famille de ce
côté du lac, et une autre de l'autre côté.
Je ne suis nulle part, sinon à l'endroit où
je trouve les moyens de communiquer. Je
ne suis ni la prise de courant, ni la lampe.
Je me sens plutôt entre les deux. A la fois
ici et ailleurs. Mais ni ici, ni ailleurs. Ce
qui crée des relations difficiles, aussi bien
personnelles que professionnelles.

Interview à Télérama, n° 517

J'avais l'esprit indépendant. Mais j'ai
grandi en vase clos familial selon les lois
d'une éducation dont je n'ai pu encore
m'évader tout à fait.

(1965)

les fausses légendes. » Et derrière le journal se cache un monsieur à lunettes noires, qui n'est d'ailleurs pas joué par Jean-Luc Godard.

Jean-Luc Godard a eu la chance de connaître des gens comme André Bazin et d'avoir été recommandé à Jacques Doniol-Valcroze, fondateur avec Lo Duca des « Cahiers du Cinéma » à couverture jaune, dont le premier numéro paraissait en avril 1951. La mère de Jean-Luc Godard était une amie de scolarité de la mère de Jacques Doniol-Valcroze. Comme quoi l'école peut être utile et efficace.

Il écrit donc dans Les « Cahiers du Cinéma » dès janvier 1952. Un texte sur *La flamme qui s'éteint,* de Rudolph Maté qui propose surtout une réflexion sur le cinéma, ce que Jean-Luc Godard continuera à faire plus tard dans ses films :

« Ainsi le cinéma joue avec lui-même. Art de la représentation, il ne sait de la vie intérieure que les mouvements précis et naturels d'acteurs bien entraînés. La jalousie, le mépris, tous les hauts faits du cœur doivent s'observer sur des gestes brusques et nonchalants, passionnés et lents. Le cinéma spécifie la réalité. Il lui serait vain de faire de l'instant plus que ce que l'instant même contient. Contrairement aux idées reçues, on voit qu'il n'y a pas de belles mises en scène sans un beau scénario. Platon disait que la beauté est la splendeur de la vérité.

« Si le destin et la mort sont les thèmes choyés par le cinéma, il faut bien qu'il y ait dans cette présentation soigneusement réglée qu'est la mise en scène la définition même de la condition humaine. »

On sait que depuis, Jean-Luc Godard n'a pas cessé d'écrire. Sur les films qu'il aime, à propos de ceux qu'il fait. Il lui arrive même d'écrire sur les images de ses films ou entre deux images.

Ses textes écrits dans Les « Cahiers du Cinéma » ont été réunis par Jean-Louis Comolli et Jean Narboni, dans un livre passionnant « Jean-Luc Godard par Jean-Luc Godard ». Il faudrait tout citer. On connaît aussi son « Introduction à une véritable histoire du cinéma » publiée aux Éditions

Albatros dans la collection « Ça Cinéma ». A la fin de l'année 1978, Jean-Luc Godard inaugurait une série de conférences organisées par le Conservatoire d'Art dramatique de Montréal. Henri Langlois l'avait précédé. Mais le fondateur de la Cinémathèque française mourait avant d'avoir achevé la totalité de ses cours. On demanda alors à Jean-Luc Godard de continuer à sa façon le travail commencé. L'« Introduction à une véritable histoire du cinéma » correspond à dix heures d'enregistrement sur piste sonore. Son contenu a la vivacité et la spontanéité du langage parlé avec ses illuminations subites, ses digressions, ses prises de position abruptes, ses règlements de compte, ses vues théoriques originales, ses paradoxes et ses trouvailles de vocabulaire.

Chaque conférence constitue un chapitre que Jean-Luc Godard appelle « voyage ». Il confronte chacun de ses premiers films à quelques moments importants du cinéma mondial cristallisés autour de certains titres prestigieux. Tout le livre est « parlé » à la première personne et les motivations créatrices de Jean-Luc Godard sont constamment mises en rapport avec les grandes œuvres qui servent de modèle, de stimulant, et parfois de fait de contestation. Jean-Luc Godard connaît tout de l'univers cinématographique, depuis les références cinéphiliques les plus subtiles jusqu'aux procédés de fabrication technique. Son immense culture artistique sert de support à ses admirations, à ses haines, à ses rancœurs ou à ses prémonitions. Bref, cette « Introduction » inspirée est à la littérature critique ce que les films de Jean-Luc Godard sont à la production cinématographique bourgeoise. Il est désormais impossible de séparer ces textes de l'œuvre entière de Jean-Luc Godard. Mais, encore une fois, nous voici loin des années cinquante. Du moins dans la chronologie.

Approcher l'outil de création

« On allait souvent au cinéma. L'écran s'éclairait et on frémissait. Mais encore plus souvent, Madeleine

et moi, on était déçu... Les images dataient et sautaient. Et Marilyn Monroe avait terriblement vieilli.

« On était triste. Ce n'était pas le film dont nous avions rêvé. Ce n'était pas ce film total que chacun parmi nous portait en soi. Ce film qu'on aurait voulu faire ou plus secrètement sans doute que nous aurions voulu vivre. »

(Extrait de la bande-son de *Masculin féminin*)

Mais, aimer le cinéma, ce n'est pas seulement discuter avec passion entre cinglés de la cinéphilie, ou refaire un film par article critique interposé. C'est aussi approcher sensuellement l'outil de création, mettre l'œil au viseur, entendre le mécanisme d'entraînement, toucher la pellicule, respirer l'odeur de la colle, mettre du son sur des images. Ou, pour commencer, tenir un petit rôle dans les films des

---

Je sors d'une famille protestante, un moule dont on ne se déforme pas facilement. J'ai mis quinze ans à m'en sortir.

« Je n'entrerai jamais dans une armée régulière, quelle qu'elle soit. Je n'ai jamais compris l'enthousiasme de certains à aller à la caserne. Je pense que ça les change. Il y a des jeunes agriculteurs, par exemple, qui célèbrent la fête des conscrits et qui endossent l'uniforme sans regret. Ils s'ennuient au village et l'armée devient pour eux une libération. D'autres jeunes, surtout dans les classes modestes, sont contents d'être appelés. Ils croient encore aux vieux slogans de camaraderie de chambrée, d'humanité... Et surtout, ils s'ennuient dans la vie civile. Pour eux, la vie civile est une mystification. On ne fait pas alors ce qu'on devrait faire pour eux. »

(Interview pour Paul Giannoli)

« Je suis naturalisé suisse. Je suis né français de père et de mère français. Si je suis devenu citoyen helvétique, c'est à l'âge de vingt ans, pour une raison très simple : éviter de faire mon service militaire, en France. Une fois suisse, je suis revenu en France pour ne pas faire mon service militaire suisse. C'est tout. »

Cléo de 5 à 7, d'Agnès Varda. Le petit
« film dans le film » ressemble déjà à une
photo de famille.

amis. On voit Jean-Luc Godard dans *Quadrille* (1950) de Jacques Rivette et dans *Charlotte et son steak* (1951) d'Éric Rohmer. On le verra encore dans *Le coup du berger* (1956), *Paris nous appartient* (1958), *Le signe du lion* (1960).

On sent, chaque fois, le plaisir d'être là, de participer, aussi modestement que ce soit, à l'élaboration d'une création commune. Un peu plus tard, dans *Cléo de 5 à 7* (1961), Agnès Varda lui offre le mini-rôle le plus important de sa mince carrière d'acteur-figurant. Cléo et sa copine Dorothée vont porter un sac de films au cinéma où Raoul travaille comme projectionniste. Les deux femmes laissent le sac trop lourd dans le corridor et pénètrent dans la cabine. Elles arrivent justement au moment du « petit film ». On entend des rires dans la salle. Cléo risque un œil à travers la fenêtre de projection et regarde « le petit film », une œuvre parodique des bandes comiques du cinéma muet où quelques grandes vedettes de l'époque jouent un rôle cocasse et bref. Anna Karina, Eddie Constantine, Sami Frey, Danièle Delorme, Yves Robert, Jean-Claude Brialy et Jean-Luc Godard, dans une histoire de convoi funèbre et de lunettes noires qui colorent la vie.

Entre-temps, Jean-Luc Godard s'était mis derrière la caméra pour produire et réaliser *Opération Béton,* un documentaire vu à l'époque en complément de programme de *Thé et Sympathie.* C'était en 1954. Il avait trouvé un emploi sur un barrage en construction en Suisse, et avait réussi à tourner son premier film en 35 mm.

Quand Jean-Luc Godard parle de ce début dans la réalisation, il le présente comme un film fait à ses frais, avec Adrien Porchet comme opérateur. Il parle aussi de l'extrême difficulté rencontrée pour le son, à cause de l'aspect volumineux des magnétophones d'époque. *Opération Béton* est un film sur le travail et la vitesse. Une course contre la montre au sein d'un barrage en train de se faire. C'est donc autre chose que le redoutable « docucu », celui qu'en termes d'exploitation on appelle parfois « chasseur ».

Digression : Qu'est-ce qu'un chas-seur ? Un film de complément telle-ment ennuyeux qu'il décourage le spectateur d'une salle permanente, tenté par une seconde vision du long métrage.

Bref. *Opération Béton* se présente comme une sorte d'épopée lyrique sur la lutte des hommes contre l'espace et le temps. L'espace, c'est le site grandiose de la vallée. Cinq plans généraux précisent les lieux, sans souci de raccords esthétiques. La caméra tremble même légèrement. Un carton précise : « A 2 500 mètres d'altitude, dans le val des Dix, un millier d'hommes dressent un mur de béton aussi haut que la tour Eiffel, le barrage de la grande Dixence. » Voilà pour le côté grandiose.

Le temps, c'est la nécessité de faire le plus vite possible, comme le précise un second carton : « Le froid rendant impossible le bétonnage, la campagne du béton tient le chantier en haleine dès la belle saison, et se déroule comme une opération militaire. » D'où le titre du film. Le ton « anti-docucu » est trouvé. *Opération Béton* transpose avec humour les principales phases du coup de main militaire.

Un commentaire bucolique évoque les moments qui précèdent l'attaque. « Les marmottes ne sifflent plus leur inquiétude ou leur joie de vivre. Elles ne tiennent plus de secrètes réunions dans la douceur de l'air ensoleillé...

... parce qu'un matin, le tonnerre des moteurs et des tracteurs a brusquement déchiré le silence du monde. »

Et c'est parti. Adieu la poésie suisse, voici les camions et les excavatrices qui surgissent, comme si Jean-Luc Godard avait placé là le fameux *soudain* qui amène les bottes tzaristes en haut des escaliers du *Potemkine.*

Conformément à la stratégie militaire, Jean-Luc Godard fait une rapide reconnaissance du terrain. Il montre les armes et les munitions. L'opération commence. Avec des chiffres qui résonnent comme des communiqués militaires ; 15 tonnes de matériel brut, des camions de 26 tonnes pour « mener victorieusement ce combat prodigieux ». Les détails sont précis, l'aspect didactique parfaitement réussi. Les blondins commencent un harmonieux ballet aérien. Nous apprenons ce qu'est un blondin... Je communique : un blondin est un chariot de fer suspendu dans les airs, qui avance à la vitesse de cinq mètres par seconde et qui transporte les bennes. Le commentaire précise : « On l'appelle blondin, en mémoire d'un funambule français qui portait ce nom... »

Le ballet des blondins est le meilleur moment du film. Jean-Luc Godard trouve tout de suite la position de la caméra et l'angle de prises de vues qui vont à l'essentiel, comme Lumière qui trouve la perspective idéale pour l'arrivée de son train en gare, ou comme Pabst pour filmer la rencontre des regards dans *Le journal d'une fille perdue.* Savoir trouver d'emblée l'emplacement le plus efficace, savoir choisir le mouvement d'appareil le plus simple dans sa richesse, voilà le signe indiscutable d'un cinéaste de talent. De ce point de vue, *Opération Béton* est un film annonciateur. Le film se termine par une remarquable approche de l'humain, avec des visages, des voix, des gestes du travail. On ne peut s'empêcher de penser au grand Robert Flaherty, aux séquences de forage de *Louisiana Story.* Ce qui n'est pas un mince compliment.

Les quatre courts métrages suivants s'organisent autour de scénarios aussi minces qu'un fil de la vierge. Par lettre, une jeune femme infidèle raconte à son amie comment elle s'y est prise pour séduire un monsieur dans un parc en imitant la stratégie d'une prostituée. C'est *Une femme coquette,* film tourné en 16 mm, dans les conditions du cinéma indépendant, c'est-à-dire produit par son auteur.

Un jeune homme drague deux copines qui viennent en même temps au rendez-vous et qui sortent du quiproquo en assistant à la séduction éclair d'une troisième jeune fille. C'est *Tous les garçons s'appellent Patrick.*

Charlotte encaisse un long monologue de Belmondo-Godard après une rupture qui n'a pas laissé indifférent le bavard agressif. Elle aura le mot de la fin :

— « Je l'savais ; toi non plus tu ne peux pas te passer de moi. C'est pour cela que t'es revenue ? »

« Ma première rencontre avec le cinéma ?

Le nom du premier film que j'ai vu ?

C'était *Eléphant boy*, avec Sabu. Mon second flirt a été un *Ben-Hur*. J'ai eu tout naturellement envie de faire du cinéma à 7 ans, dès que j'ai vu un film de Charlot.

Ensuite, je me suis « cinématisé » tout seul. »

Les lumières de la ville, de **Charlie Chaplin.**

— « Non, Jean, je suis revenue chercher ma brosse à dents... » Avec une révérence. C'est *Charlotte et son Jules.*

Une auto-stoppeuse et un auto-stoppé commentent avec humour les inondations d'Ile-de-France. C'est *Histoire d'eau. Une femme coquette* est restée dans sa boîte. Les trois autres courts métrages ont été montrés en complément de programme. *Tous les garçons s'appellent Patrick* avec *Un témoin dans la ville. Charlotte et son Jules* et *Histoire d'eau* avec *Lola.* Frédéric Mitterrand dans son émission télévisée "Toiles et Étoiles" a pu montrer *Tous les garçons s'appellent Patrick* et *Charlotte et son Jules.* Deux moments très agréables, même si ces deux fantaisies en mineur ne révolutionnent plus le cinéma.

Le plaisir de citer

A revoir ces films, on est frappé par l'omniprésence d'une cinéphilie viscérale. Visiblement, le plaisir de filmer est grand, mais le plaisir de citer est tout aussi grisant. Les détails fourmillent. Voici Brialy dragueur qui essaye d'en mettre plein la vue à sa charmante conquête. Il essaye une conversation en japonais « Mizoguchi-Kurosawa... » Et sur le mur de l'appartement des filles, une grande affiche accroche le regard : il est question d'un film qui explique la fureur de vivre de James Dean. Au spectateur de trouver le titre... On connaît depuis le rôle important des affiches cinématographiques dans l'œuvre de Jean-Luc Godard. Les affiches renseignent sur les goûts, le caractère, le contexte social des personnages. Elles renseignent aussi sur les goûts de celui qui met en scène ces personnages. Tout cinéphile connaît maintenant la maxime « Vivre dangereusement jusqu'au bout ». On pense à Nietzsche. Jean-Luc Godard a su saisir, au passage, la phrase qui résume le destin de son personnage d'*A bout de souffle.* En fait, il s'agit d'un impact publicitaire pour un film de Robert Aldrich, dont le titre n'est pas montré (*Tout près de Satan*), avec Jack Palance, un des futurs personnages clés du *Mépris.*

En vrac, voici l'affiche de *L'arnaqueur* contre laquelle s'adosse la Nana de *Vivre sa vie.* Celles d'*Hatari,* de *Vanina Vanini* et de *Vivre sa vie,* à la façade d'un petit cinoche dans *Le mépris.* Il y en a d'autres, beaucoup d'autres. Les panneaux publicitaires d'*Hiroshima mon amour,* ou de *Jules et Jim,* etc. Depuis, l'utilisation des affiches de cinéma comme décoration murale est devenue procédé courant chez de nombreux cinéastes encore tout chauds de cinéphilie.

Dès lors, la cinéphilie, puis la représentation du cinéma resteront des constantes dans l'œuvre de Jean-Luc Godard. Déjà, un plan d'*Opération Béton* citait, peut-être involontairement, un cadrage de *Lumière d'été* de Jean Grémillon (une perspective insolite à l'extrémité d'un cylindre de grand diamètre). Donc d'*Opération Béton* à *Passion,* on assiste à une prolifération d'affiches, de photographies, de revues de cinéma (les « Cahiers du Cinéma » en priorité), de livres de cinéma (le "Fritz Lang" de Luc Moullet et le "Marcel Pagnol" de Claude Beylie), de salles obscures en tout genre, des films dans le film, de studios, de laboratoires vidéo, de plateaux de tournage, de prises de vues en extérieur, de citations cinéphiliques.

En voici quelques-unes, glanées pour le plaisir.

« Tu aurais beau me supplier, je ferais semblant de ne pas entendre, comme... comme cet acteur, quand Simone Simon lui dit qu'elle va se jeter par la fenêtre... » Charlotte, qui a des images, répond à son Jules : « C'est dans un film de Max Ophuls. » Au spectateur de trouver le titre. Cela fait partie du jeu, comme autrefois, aux mardis du Studio Parnasse.

Dans *Histoire d'eau* : « On apprend que le père Franju hurla que les autobus ne marchaient pas, vu les inondations... »

Le mépris nous rappelle que « le cinéma est une invention sans avenir », comme le disait Lumière. Il nous apprend aussi que le film préféré de Fritz Lang, c'est *M. le maudit,* plus que *Rancho Notorious.* Et Michel Piccoli, dans sa baignoire, garde son chapeau rivé sur la tête pour faire comme

Dean Martin dans *Some Came Running* (Comme un torrent). *Les carabiniers* rendent un hommage cocasse au premier spectacle du salon indien du boulevard des Capucines, nous en reparlerons. Le Belmondo de *Pierrot le fou* suspend l'action le temps d'une imitation de Michel Simon et Anna Karina attaque un pompiste avec les armes de Laurel et Hardy. Jean-Pierre Léaud dans *Masculin-féminin* lance un « J'ai pas de vieille mère, j'ai pas de vieille mère » en écho aux géniales lamentations de Carette pris en flagrant délit de braconnage dans *La règle du jeu.* Plus près de nous, un spectateur grincheux laisse éclater sa colère à cause des coupures de son dans *Les lumières de la ville (Sauve qui peut, la vie).* Dans *Passion,* on cite la lumière de Sternberg comme les vestiges d'un paradis perdu, et le geste inattendu de mordiller le bout des doigts d'un autre personnage apparaît comme une réminiscence d'un plan très célèbre des *Rapaces.*

Voici Michel Poiccard devant l'affiche et les photos de hall du « Ciné-Champs Élysées ». *Plus dure sera la chute,* avec Humphrey Bogart. Champ-contre-champ. « Bogie », murmure Michel. L'homme et l'image ne sont plus séparés que par la fumée de cigarettes des grands films noirs américains. Michel retire ses lunettes noires. Gros plan de Bogart. Michel éloigne sa cigarette et caresse ses lèvres avec son pouce. Il remet ses lunettes (plan américain), s'éloigne, l'écran s'obscurcit après une fermeture à l'iris. Une des plus belles déclarations d'amour qu'on ait faites au cinéma. Un geste simple ressuscite le mythe. Dans le même film, Michel Poiccard braque vers le soleil le pistolet à barillet trouvé dans la voiture volée. « C'est beau le soleil. » Comme il l'a certainement vu faire dans *Le tigre du Bengale,* il tire dans le contre-jour.

Suivons maintenant *Les carabiniers* qui vont fusiller avec allégresse une jeune et jolie résistante. Au moment de l'exécution, on lui couvre la tête avec un grand mouchoir blanc. C'est alors qu'elle lance le fameux « *Frères, frères, frères* » qui fit hésiter, puis taire, les fusils pointés sur la bâche claire du

Nana et les affiches, *Vivre sa vie.*

Cuirassé Potemkine. Comme on le voit, ce n'est plus la simple citation plaquée pour le plaisir. La citation entre dans le corps du récit au même titre que le dialogue, le silence, les rapports du noir et du blanc.

La cinéphilie, c'est aussi la dédicace. Le générique parlé d'*Histoire d'eau* (comme chez Sacha Guitry ou Orson Welles) rend hommage à Mack Sennett. *A bout de souffle* est dédié à Monogram Pictures, *Une femme est une femme* au merveilleux *Quatorze Juillet* de René Clair, *Les carabiniers* à Jean Vigo, *Le mépris* commence par une belle formule d'André Bazin et, dans l'inspiration de *Passion*, Jean-Luc Godard envoie une prodigieuse lettre audio-visuelle à Freddy Buache, cet autre géant de la mémoire cinéphilique. Du côté de la place de la Cathédrale à Lausanne. Salut Freddy.

Les personnages s'appellent Monika, Veronica Dreyer, Patricia Leacock, Nana, Alfred Lubitsch, Léopold Nosferatu, Richard Widmark, Franscesca Vanini, Marianne Renoir, etc., et même Paul Godard. En cours de route, dans les échauffourées des *Carabiniers*, Poliansky et Mitchum sont morts au champ d'honneur.

Il y a aussi les invités de marque. Jean-Pierre Melville et son incroyable interview qui lance déjà à la face de Patricia, le mot « dégueulasse ». Sam Fuller, Fritz Lang, Marco Ferreri, Glauber Rocha, Roger Leenhardt et son éloge du paradoxe d'*Une femme mariée*, Brigitte Bardot et Antoine Bourseiller venus prendre un pot dans *Masculin-féminin*, Jean-Luc Godard lui-même en assistant de Fritz Lang et la remarquable absence-présence de Marguerite Duras dans *Sauve qui peut, la vie*.

Même un inspecteur de police, chez Godard, peut être cinéphile. « Ce sont des films documentaires, que vous faites, demande-t-il à Jean Seberg... comme monsieur Rouch » (dans *Le grand escroc*)

La Nouvelle Vague attaque

Mais, aimer le cinéma, ce n'est pas seulement s'enfermer dans une attitude cinéphilique. Citer, reproduire, rendre hommage. Ce n'est pas seulement s'extasier devant le plan-séquence d'ouverture de *Scarface* ou le générique de *La soif du mal*. Il faut faire autre chose, tenir compte de ce qui est, mais aller au-delà, ériger le cinéma en modèle pour mieux le remettre en question. Or, une telle attitude novatrice avait besoin d'un repoussoir. C'était chose facile dans ces années cinquante où le cinéma français était malade de fausses légendes. Certes, le coup de génie d'Alain Resnais adaptant *Hiroshima, mon amour* de Marguerite Duras, annonçait une grande mutation au sein d'un « cinéma de papa » figé dans l'académisme.

Dans mes films, à mon avis, les citations sont toujours justifiées. Je peux toujours justifier n'importe laquelle. Et si elles ne se justifient pas, j'ai toujours le plaisir de la mettre, et puis les gens, s'ils n'aiment pas le film, peut-être qu'ils aiment Aragon... Pour l'extrait de *Jeanne d'Arc* dans *Vivre sa vie*, j'ai hésité. D'abord je pensais prendre un extrait de *Pickpocket,* je pensais à Bresson. C'est un film que j'ai fait sous l'influence de Bresson, de *Pickpocket* plutôt. Il était sorti déjà depuis trois ans. Ce film m'avait beaucoup impressionné et, dans *Vivre sa vie*, j'en ai senti l'influence. J'avais envie, pour moi-même, pour me marquer, de faire un hommage personnel, mettre un film de Bresson, et puis j'ai changé d'avis et j'ai pensé mettre un fragment du *Testament d'Orphée* de Cocteau. Et puis je suis revenu à Bresson qui était en train de tourner *Jeanne d'Arc*, et je lui ai demandé d'en mettre un extrait. Il a accepté, et finalement, j'ai encore changé d'avis et on a pris la *Jeanne d'Arc* de Dreyer... sans le dire à Bresson.

(Réponse aux spectateurs du ciné-club d'Annecy, 1965) reproduit par Cinéma 65 n° 94

C'était un cinéma froidement didactique, parfait dans sa confection. La caméra pesait de tout son poids pour imposer des cadrages symboliques. Quand les amants s'aimaient, un travelling aussi éloquent que puritain, venait cadrer un feu de bois dans la cheminée. Les flammes s'amplifiaient. L'Amour. Au plan suivant, surimpression sur les cendres du feu éteint, et retour vers le sommeil des amants repus... On parlait même à l'époque d'une grammaire cinématographique, avec sa syntaxe, ses fautes de style, ses pléonasmes, ses incorrections, ses scories formelles. Les raccords de plans obéissaient à une savante géométrie. La contre-plongée magnifiait, la plongée écrasait. Sauf chez Cocteau, toute intrusion du hasard dans la prise de vues était aussitôt sacrifiée aux impératifs du code. Un cinéma cousu main prenait gentiment le spectateur par le bout de la rétine et du tympan pour le mener infailliblement là où le cinéaste voulait le laisser dans sa fabrication de l'illusoire. On subissait le règne de Jean Delannoy, d'André Cayatte et d'autres célébrités maintenant oubliées. Jean Delannoy était la cible favorite des iconoclastes de la Nouvelle Vague, avec Claude Autant-Lara (certainement à tort, pour quelques films que le recul du temps a bonifiés) ou Julien Duvivier, malgré une *Fête à Henriette* qui annonçait avec malice les grandes réflexions visuelles sur la genèse d'un film.

D'ailleurs, vers 1958, tout commençait à bouger un peu partout, avec le Free cinéma britannique, le Cinema nôvo brésilien, les productions new-yorkaises... En France aussi, Resnais, Rouch, Varda, Marker annonçaient des jours nouveaux. Vadim faisait parler Brigitte Bardot comme dans la vie avec *Et Dieu créa la Femme,* François Truffaut enlevait les colliers aux chiens perdus pour les lancer dans le ton nouveau des *Quatre cents coups*. Puis 1960. L'année d'*A bout de souffle*. Comme j'écrivais à l'époque, ce fut la nuit du 4 août du cinéma académique et glacé. Des garnements doués, ambitieux et passionnés d'images, s'attaquaient au système. Sus au cocotier et ouvrons les fenêtres.

Et, lorsque Jean-Luc Godard fait dire à Belmondo la première phrase d'*A bout de souffle* :

« Après tout, je suis con...

Après tout,... il le faut... il le faut... », c'est aussi un défi qu'il lance au cinéma.

Allons au cinéma… *Une femme mariée.*

« J'vais lui faire le coup du gosse qui gonfle le ballon » *Vivre sa vie*.

Les grimaces et l'illusion

« Qu'est-ce-que le cinéma ?
Une grosse tête en train de faire des grima-
ces dans une petite salle.
Il faut être con pour aimer ça. Mais si,
je sais ce que je dis,
le cinéma est un art illusoire... »
Belmondo,
avec la voix de Jean-Luc Godard
dans *Charlotte et son Jules*

L'un des premiers films de l'histoire du cinéma était une suite de grimaces tournée par George Albert Smith, le pionnier de la fameuse école de Brighton. Depuis, la recette a fait fortune. Les acteurs à grimaces attirent toujours le vaste public, comme mouche sur vinaigre. Le pragmatisme de Belmondo s'est d'ailleurs volontiers accommodé de cette maxime. Et, comme dit l'autre, il faut être con pour aimer ça. Grimace et illusion. *L'homme à la tête de caoutchouc* de Georges Méliès. L'illusionniste gesticule en actionnant une pompe à air qui gonfle une tête qui enfle, qui enfle... grâce au fameux trucage du plan incliné. Le numéro est d'autant plus fort que l'objet illusoire et le démiurge illusionniste ont la même tête. J'ignore si c'est volontaire ou non (ou si c'est une autre réminiscence) de la part de Jean-Luc Godard, mais une séquence de *Vivre sa vie* m'a fait penser à ce classique du cinéma primitif. Dans une salle de billard, un homme décide de consoler Nana que son souteneur n'a pas voulu emmener au cinéma.

« Attends, dit-il, j'vais t'faire mar-

rer. » Il transforme sa cravate en nœud papillon, retrousse ses jambes de pantalon, se décoiffe grossièrement, et fait une grimace enfantine. « J'vais lui faire le coup du gosse qui gonfle un ballon. » Il mime le contour d'un ballon imaginaire et celui-ci enfle, enfle, jusqu'à l'éclatement. Nana, consolée, rit et vient l'embrasser. L'illusion a fait son œuvre. On gouverne par les grimaces. Il appartient alors aux acteurs de servir d'intermédiaires, selon les désirs et les exigences du metteur en scène.

« Les acteurs, je trouva ça con, je les méprise, affirme sans nuances Bruno Forestier, *Le petit soldat*. C'est vrai, vous leur dites de pleurer, ils pleurent. Vous leur dites de marcher à quatre pattes, ils le font. Moi, je trouve ça grotesque... ce ne sont pas des gens libres... »

Bien sûr, ce n'est pas ce que Jean-Luc Godard pense de ses acteurs. Bien au contraire, il est trop soucieux de leur liberté. Cela veut surtout dire que la remise en question de la notion de personnage passe par une remise en question de la direction d'acteurs. En ce sens, le témoignage de Michel Subor est éloquent.

« L'expérience en tant qu'acteur est passionnante. Godard ne nous dirige pas. Il ne nous donne aucun texte à apprendre ; il se borne à nous indiquer le sens général de ce que nous devons dire, ou bien nous souffle le texte au fur et à mesure pour les passages un peu plus longs. Nous avons tourné dans l'ordre chronologique, ce qui facilite le travail. »

Toutefois, il ne faut pas croire que l'improvisation échappe à un contrôle précis. Il suffit d'écouter les déclara-

tions des trois personnages principaux de *Bande à part,* pour s'en persuader :

Anna Karina : « J'ai de bonnes raisons de ne pas être surprise par les '' méthodes '' de Jean-Luc. C'est le 5e film que je tourne avec lui. Je crois que ce qu'il y a de personnel dans ses '' méthodes '', c'est qu'il fait bouger énormément ses acteurs par rapport à la caméra ou qu'il tourne des plans très longs. Mais contrairement à ce qu'on dit, ces plans, on les prépare, on les répète, jusqu'à vingt fois s'il le faut. Bien sûr, nous n'avons notre texte que le matin du tournage... »

Samy Frey : « Ça, je pense que c'est de propos délibéré. Jean-Luc escompte que le texte produira un certain choc sur l'acteur, et je crois qu'il se sert de cette part d'improvisation. Il ne faut d'ailleurs pas s'imaginer qu'on peut se permettre d'improviser comme on veut parce qu'on est dans un film de Jean-Luc. Si on change un mot du texte, il s'en aperçoit tout de suite. Mais je crois que ce qui caractérise les films de Godard, c'est qu'on travaille en équipe très réduite, qu'il n'y a pas d'interminables réglages de lumière, que les acteurs ont donc le temps de répéter et qu'ils peuvent beaucoup plus facilement se concentrer. »

Claude Brasseur : « D'une façon plus générale, ce qu'il y a d'extraordinaire chez Jean-Luc, c'est qu'il ne fait pas *du* cinéma mais *son* cinéma. Pour moi, j'ai vécu deux grandes expériences : un film avec Renoir, et celui-ci avec Godard. Et puis Jean-Luc est un auteur, doublé d'un directeur d'acteurs comme je n'en connais pas. Je n'ai jamais été dirigé, tenu, coincé, tordu, comme je l'ai été par lui... »

Un autre témoignage, celui de *Jean-Claude Brialy,* au sortir d'*Une femme est une femme* : « J'avais entière confiance en Godard, mais tout de même, ne rien savoir une minute à l'avance de ce que l'on va tourner, c'est éprouvant. Et Godard ne dit pas un mot. Il arpentait le plateau, l'œil vague, le visage fermé, hermétique. Les trois premiers jours, je ne sais pas comment j'ai tenu le coup. Maintenant, je trouve ça passionnant. » (Dans Télérama, mai 61.)

Macha Méril, Charlotte dans *Une femme mariée* : « Moi, j'ai une très grande admiration pour Godard. Avant de le connaître personnellement, je l'aimais beaucoup. Lorsqu'on tourne avec lui, on lui fait entière confiance, parce qu'il vous donne un petit bout de papier pour scénario et l'on ne sait rien de la situation où il va vous jeter. »

Marina Vlady, Juliette dans *Deux ou trois choses que je sais d'elle* : « Je ne suis absolument pas déroutée par les méthodes de travail de Jean-Luc Godard. Je trouve cela passionnant, mais épuisant. Je n'ai, en effet, pas de texte à apprendre, puisque Jean-Luc me dit ce texte au moment de tourner la scène. Je ne suis pas étonnée, car nous avons beaucoup travaillé ensemble avant la réalisation du film et je crois savoir ce qu'il veut faire, même si je suis quelquefois surprise par la forme qu'il donne à sa pensée.

Je crois que pour un comédien en face de Godard, il ne faut pas se poser de problèmes, il faut se laisser aller. Je fais, en tant que comédienne, des choses que je n'ai jamais faites. Par exemple, Jean-Luc me donne des phrases banales à dire, comme '' passe-moi le sel '' et puis, en même temps, pendant la scène il me pose des questions auxquelles je dois répondre à brûle-pourpoint, par le truchement d'un micro dans lequel il parle, l'écouteur étant derrière mon oreille. Il a un style de travail totalement différent de tous les metteurs en scène que je connais. » (Dans L'Avant-Scène Cinéma n° 70.)

Les masques et la vérité

Dès les premières images d'*A bout de souffle,* le visage de Belmondo surgit de derrière un journal. Ce sera une des constantes des premiers films. La page imprimée peut aussi bien servir de masque que de procédé d'information ou de repère social. Jean Seberg vend le « New York Herald Tribune » sur les Champs-Élysées gaulliens. Le receleur de voitures volées prend prétexte de la « une » de France-Soir pour ne pas donner d'argent. Le policier exhibe un gros titre pour exercer son chantage. Quant au dénonciateur, jeune homme mince aux lunettes noires (facilement identifiable), il émerge lui aussi de la lecture d'un journal grand ouvert avant de prévenir la police. Procédé de camouflage dans *Le petit soldat* et *Le nouveau monde,* le journal colle de plus en plus à la personnalité de chacun, jusqu'à en devenir une sorte d'attribut et participer à sa définition. Chez Jean-Luc Godard, on est lecteur au même titre qu'on est égoïste, lâche ou militant. Le policier qui fait irruption dans l'appartement de Brilay, au cours d'une séquence d'*Une femme est une femme,* et qui voit là « L'Humanité » lance son « C'est très bien, continuez... » Ce n'est pas un hasard si le premier plan de Chantal Goya dans *Masculin-féminin* se fait avec une référence à « Mademoiselle Age tendre » ou si une vendeuse du magasin de disques de *Vivre sa vie* s'identifie au récit de la presse du cœur lu à haute voix.

Il arrive aussi très souvent que les livres cachent les visages, totalement ou en partie, comme pour mieux renforcer le rapport entre les propos récités et la réalité mentale qui en est le reflet. Mais, quand les visages sont nus, en pleine lumière, il est alors plus difficile d'accéder à cette réalité mentale, car « le visage n'appartient pas seulement au corps, il continue une idée qu'il faut saisir et rendre ».

Qu'y a-t-il derrière un visage ? Quelle est la part de vérité et la part du mensonge ? D'un film à l'autre, ces mêmes questions reviennent. Mais les dialogues ou les voix off ne répondront jamais directement. Il faut s'en tenir aux comportements qu'il faut interpréter en guise d'explications.

« Je voudrais savoir ce qu'il y a derrière ton visage. Je le regarde depuis dix minutes, et je ne sais rien, rien », dit Patricia dans *A bout de souffle...*

Au terme de son long discours, Michel Subor, dans *Le petit soldat,* répond : « A part nous-même, notre propre visage et notre propre voix, nous n'avons rien ; mais peut-être que c'est ce qui est important. Arriver à reconnaître le son de sa propre voix, et la forme de son visage. De l'intérieur, il est comme ça et, quand je le regarde, il est comme ça... C'est-à-dire qu'on me regarde et qu'on ne sait pas à quoi je pense. Et qu'on ne saura jamais à quoi je pense.
Là... maintenant... une forêt en Allemagne.
... une promenade à bicyclette... c'est fini.
Maintenant, une terrasse de café à Barcelone. Maintenant... c'est déjà fini... »

Dans un contexte qui chante et qui danse, Angela enchaîne :
— « Dis un mensonge. »
— « Il pleut. » (C'est Alfred qui parle.)
— « Maintenant la vérité. »
— « Y'a du soleil. »
— « Pouah. »
— « Qu'est-ce qu'il y a ? »
— « Mais y'a pas de différence sur ton visage. »
— « Et alors ? »
— « On devrait en voir puisque la vérité est différente du mensonge. »
— « Qu'est-ce que ça fait ? Y'a qu'à le savoir. »
— « Toi, tu le sais ? Mais les autres ne sont pas obligés de te croire... Et c'est dommage. Parce que comme ça, c'est chacun pour soi. »

A l'heure de la leçon de philosophie de *Vivre sa vie,* Nana ne peut s'empêcher de poser le problème à Brice Parain : « Parler, c'est un peu risquer de mentir ? » « Il y a peu de différence entre la vérité et l'erreur, répond le philosophe. Naturellement, ne parlons pas du mensonge cru, ordinaire, qui... qui fait que je vous dis '' j'viendrai d'main à cinq heures '', puis je ne viens pas, parce que je n'ai pas voulu venir demain à cinq heures, vous comprenez, ça, c'est... des trucs. Mais le mensonge subtil, c'est souvent très peu distinct d'une erreur. Quelque chose,

1

1 et 2. Qu'y a-t-il derrière un visage ? *Le petit soldat.*

2

on cherche, et puis on ne trouve pas le mot juste. Et c'est ce que vous disiez tout à l'heure. C'est pour ça que ça vous arrivait de ne plus savoir quoi dire... C'est parce qu'à ce moment-là, vous aviez peur de ne pas trouver le mot juste... » Puis la réflexion s'élève au niveau des rapports de la vérité et de l'erreur avec l'éloge de Kant, de Hegel, de la philosophie allemande, de ceux qui nous ont ramené à la vie, « A savoir qu'il faut accepter de passer par l'erreur pour arriver à la vérité. »

Paul (Jean-Pierre Léaud) revient à la charge dans *Masculin féminin*. Il a interrogé Madeleine (Chantal Goya) sur la vérité et le mensonge. La jeune fille lui a avoué, avec un sourire désarmant, qu'elle lui a un peu menti. Comme un écho lointain à la séquence du *Petit soldat* évoquée plus haut, il lance :

— « Regardez-moi dans les yeux. A quoi vous pensez, là, en ce moment, pendant que vous êtes en train de me regarder. Regardez-moi. »

— « Mais, à rien. »

— « Comment à rien ? Vous êtes bien obligée de penser à quelque chose ? On pense toujours à quelque chose. Là quand vous me regardez ? »

— « Je vous regarde. »

— « Tout de suite, à quoi vous pensez ? là ? comme ça ? »

— « Eh bien !... »

— « Oui. »

— « Qu'est-ce que c'est pour vous le centre du monde ? »

— « C'est drôle, on ne s'est jamais parlé et la première fois qu'on se parle, vous me posez des questions étonnantes. »

— « Non, moi, je trouve que c'est une question normale. »

A ce jeu des questions, Paul répondra que le centre du monde c'est « l'amour ». Madeleine aurait plutôt pensé à répondre : « Moi. ». En deux mots, tout est dit. Pas besoin de longues explications psychologiques.

C'est un procédé analogue qui exprime la différence de psychologie entre Ferdinand et Marianne dans *Pierrot le fou*. Marianne est triste. Ferdinand lui demande pourquoi :

« Parce que tu me parles avec des mots et moi je te regarde avec des sentiments. »

— « Avec toi, on ne peut jamais avoir de conversation. T'as jamais d'idées,

Bande à part.

Le grand escroc.

toujours des sentiments. »

— « Mais c'est pas vrai, y a des idées dans les sentiments. »

Alors Ferdinand lui propose un jeu. Chacun dira ce qu'il aime et ce dont il a envie. Marianne répond : « Les fleurs, les animaux, le bleu du ciel, le bruit de la musique. Tout. » Ferdinand répond : « L'ambition, l'espoir, le mouvement des choses, les accidents... Enfin tout. »

Déjà une autre énumération avait précisé la différence de nature entre les deux personnages. Devant la voiture qui flambe, Ferdinand et Marianne évoquent les voyages qu'ils auraient pu faire avec l'argent qui est resté dans le coffre arrière. Marianne serait allée à Chicago, Las Vegas, Monte-Carlo. Ferdinand serait allé à Florence, Venise, Athènes. Toute la différence est là, dans ces confrontations d'énumérations.

Le reste n'est qu'apparences et le cinéaste doit en tenir compte, comme le dit fort justement Michel Sandras dans un article remarquable paru dans Travelling (n° 1), édité par le ciné-club clermontois : « Que cachent un geste, un regard, un sourire ? Questions que se posent et se posent sans relâche Patricia et Michel, Camille et Paul, Marianne et Pierrot... Godard filme lucidement ces attitudes équivoques, ces "regards trompeurs" qui s'affrontent et soupçonnent, s'accusent, ces sourires énigmatiques, moqueurs ou pleins de tendresse, dont la somme constitue l'homme ou la femme que l'on aime ou que l'on croit

---

L'intelligence, c'est comprendre avant d'affirmer, c'est, dans une idée, de chercher à aller plus loin, de chercher la limite, de chercher son contraire.

Par conséquent, c'est de comprendre les autres.

(Roger Leenhardt, dans *Une femme mariée*)

---

aimer... La tâche du cinéaste est bien ingrate : il est condamné à suivre le chemin hasardeux qu'ils prennent, sans jamais filmer autre chose que des apparences, sans jamais entrevoir la fin de leur trajet. »

Dans cet univers, les personnages passent la majeure partie de leur temps à se questionner sans pouvoir déceler la part de vérité et de mensonge. Et quand Jean-Luc Godard veut nous aider à comprendre, c'est pour mieux nous mystifier. Il suffit de comparer deux séquences de *Masculin féminin*, l'une qui montre le suicide d'un inconnu devant le bowling, l'autre qui se passe au milieu des machines à laver le linge alors que Paul raconte une histoire qui pourrait bien se rapporter à l'épisode du suicide.

La première séquence restitue ce qui s'est passé réellement. Le souci d'authenticité exige alors l'esthétique du plan-séquence, fidèle à la continuité spaciale et à l'unité de la durée. La per-

fection du mouvement de caméra en fait d'ailleurs un bon moment de plaisir cinéphilique. Un décor assez imprécis, avec une entrée de salle de jeux sur la gauche et une large zone sombre sur la droite. Paul, qui vient de lancer une boule, sort. La caméra recule pour cadrer en même temps ses deux amies qui émergent de la surface obscure. Elle les suit en travelling, tandis qu'elle contourne le comptoir pour venir les photographier de face, comme si elle était à la place du barman. La caméra s'immobilise, enregistre une brève conversation jusqu'au moment où les deux copines décident de partir. Elles quittent le champ sur la gauche et la caméra accompagne imperceptiblement leur déplacement pour situer Paul au milieu de l'écran. Arrivée de deux adolescentes. La caméra recadre légèrement pour retrouver la perspective précédente. L'une des jeunes filles s'en va. L'autre propose à Paul de l'accompagner pour une série de photos instantanées. Il accepte. La caméra refait le trajet inverse, passe de l'autre côté du comptoir, suit en travelling les deux personnages jusqu'à la cabine de photos-express. Ils entrent, referment le rideau. On entend une proposition érotique. Paul accepte, puis refuse. Il sort, passe devant une cabine d'enregistrement pour disques d'une minute et demie. Il entre, glisse une pièce de monnaie dans la fente et, dans la durée réelle d'une minute et demie, déclame une déclaration d'amour destinée à Madeleine.

Aussitôt fait, il quitte la cabine d'enregistrement et se retrouve au point de départ, c'est-à-dire à l'entrée de la salle de jeu. La caméra suit son déplacement derrière une grille qui sert de cloison. On le voit échanger quelques mots très brefs avec un inconnu. Celui-ci le menace avec un couteau, Paul recule vers l'entrée, toujours suivi par l'individu. Les deux hommes sont maintenant à l'extérieur. C'est à ce moment que l'inconnu retourne son arme contre lui et se suicide. Le plan-séquence dure environ cinq minutes, l'épisode de l'inconnu se limite à quelque quinze secondes. Deux plans brefs de rues animées, la nuit, séparent ce plan-séquence d'une autre séquence

tout aussi essentielle. Paul entre dans un établissement où il a l'habitude de laver son linge. Son copain est déjà là et Paul raconte. Voilà ce que cela donne :

« Oh, tu sais, qu'il vient de m'arriver un truc...

« J'entends des pas qui se rapprochent à toute vitesse. Tiens, quelqu'un qui court à cette heure-ci...

« Je m'retourne et j'vois un type qui dit '' Oh pardon '', vous n'avez pas eu peur. J'suis désolé. Excusez-moi, je vous demande pardon... Moi je croyais qu'il allait continuer...

« Je continue à avancer, et il s'rapproche, il s'rapproche, il s'rapproche...

« Et j'vois un type qui dit : '' Pardon, j'suis désolé, excusez-moi, j'voulais pas vous faire peur, je vous demande pardon. '' Comme ça. De manière très courtoise. Et j'le regarde et j'm'aperçois que c'était pas le même type qu'avant...

« Et j'reprends mon chemin. Et tout à coup, une troisième fois...

« Il passe. J'suis soulagé, mais le type s'arrête à quatre mètres devant moi...

« Et je le regarde, et j'm'aperçois que c'était pas le même type. J'veux dire, c'était ni le premier, ni le second. C'était un troisième type. Alors, je lui dis : '' Vous n'êtes pas le même. '' Alors il me regarde et dit : '' C'est possible, ça n'a pas d'importance. Ce qui est important c'est que vous ayez l'impression d'être poursuivi... la personne... tout ça... Seulement j'suis embêté. J'aurais dû courir plus vite. Vous auriez eu peur. J'ai pas bien couru et vous n'avez pas été effrayé. '' Alors, j'lui dis : '' Écoutez, si c'est une plaisanterie, vraiment je trouve qu'elle est de mauvais goût. C'est pas une bonne plaisanterie. '' Alors...

« Alors, il m'a regardé et il m'a dit : '' Vous croyez que c'est une plaisanterie, vous croyez vraiment que c'est une plaisanterie ? Mais alors, il m'a dit, c'est que vous n'avez rien compris. '' »

Le récit aurait pu se faire dans l'unité du plan. Mais comme on le voit

dans le découpage de la transcription, Jean-Luc Godard morcelle ce discours en neuf plans de durée inégale, avec huit coupes qui peuvent prendre l'allure de faux raccords. Comme si les mots obéissaient à une succession d'images mentales qui modifient la réalité au fur et à mesure de la formation des phrases. Que reste-t-il de la réalité dans cet exercice d'affabulation ? Il est difficile de s'y retrouver. D'ailleurs, avec les personnages de Godard, on ne peut jamais prévoir, d'autant plus qu'eux-mêmes éprouvent beaucoup de peine à s'y retrouver, puisqu'ils vivent leurs contradictions ou leurs ambiguïtés dans l'instant présent. En général, les personnages de Jean-Luc Godard n'ont pas de passé. Ou très peu. Et pas davantage de futur. Comme ils doivent faire face aux sollicitations de la vie quotidienne, il leur arrive forcément de faire des plans. Et cela, souvent, les condamne.

Il suffit de prendre l'exemple des deux personnages principaux d'*A bout de souffle*. Ils ne sont pas enfermés dans une psychologie figée et préexistante. Ils vivent en réagissant spontanément aux sollicitations variées du milieu extérieur. Michel Poiccard est un personnage libre qui se réalise dans l'instant présent et qui se laisse porter par une sorte d'instinct qui l'apparente à d'autres personnages comme Nana, Camille, Marianne Renoir, Ulysse, Michel-Ange et Ferdinand-Pierrot le fou. Il est attaché à certains souvenirs, un concerto pour clarinette qui lui rappelle son père ou l'image d'Humphrey Bogart. Il s'essaye parfois à la lucidité et pressent la conduite de Patricia. « Hélas, hélas, hélas. J'aime une fille qui a une très jolie nuque, de très jolis seins, une très jolie voix, de très jolis poignets, un très joli front, de très jolis genoux... mais qui est lâche. »

On sent chez lui cette obsession de la lâcheté des autres, même quand il donne en exemple un fait divers de France-Soir : « Un receveur d'autobus qui avait volé 5 millions pour séduire

1. Le plan séquence du suicide, *Masculin Féminin*.
2. Dans « Masculin » il y a masque et cul. Et dans « Féminin » ? Il n'y a rien.

27

une fille. Il se faisait passer pour un riche imprésario. Ils sont descendus ensemble sur la côte. En trois jours, ils ont grillé les 5 millions et là, le type, il s'est pas dégonflé. Il a dit à la fille : " C'est de l'argent volé, je suis un voyou, mais je t'aime. " Et ce que je trouve de formidable, c'est que la fille ne l'a pas laissé tomber. Elle lui a dit : " Moi aussi, je t'aime bien. " Ils sont remontés ensemble à Paris, et on les a pincés alors qu'ils cambriolaient des villas à Passy. Elle, elle faisait le guet. C'est gentil de sa part. » Une énumération et une petite histoire. L'essentiel est dit.

Le personnage de Patricia est encore plus difficile à saisir, elle qui confie : « Je voudrais que tu m'aimes, et puis, je ne sais pas, en même temps, je voudrais que tu ne m'aimes plus. » Elle se veut indépendante, mais elle doit s'avouer que Michel a pris de l'importance dans sa vie. L'instant oblige au choix. Doit-elle accepter de vivre intensément comme la complice du contrôleur d'autobus, ou comme plus tard Marianne Renoir ? Doit-elle préserver

sa liberté avec comme motivation profonde cette lâcheté pressentie par Michel ? Elle postule le futur, mais refuse l'action, sauf pour dénoncer son amant. L'ambiguïté demeure tandis qu'elle s'interroge sur le mot « dégueulasse », en se frottant les lèvres avec le pouce.

Le passé de Bruno Forestier, le petit soldat, arrive aussi par bribes, comme s'il entrait par effraction dans la plénitude de l'instant présent... « C'est drôle, mon père aussi a été fusillé à la libération... C'était un ami de Drieu La Rochelle... » Mais aussitôt, Bruno revient à la réalité immédiate, en demandant à Véronica de prendre une pose. Sa personnalité est faite d'influences diverses et contradictoires. Il cite aussi bien Drieu La Rochelle que Pierre Brossolette, il apprécie Aragon et méprise Camus, accepte l'extrémisme de droite et vénère le salut des républicains espagnols. Cet idéaliste à la cause douteuse vit dans un monde intellectuel sans assises. Il se sent le besoin d'affirmer des valeurs qu'il n'a pas encore découvertes, avec une

intransigeance qui fut d'ailleurs celle des jeunes battants de la Nouvelle Vague (« Moi et Véronica parlions peinture. Elle soutenait que Van Gogh était un moins grand peintre que Gaughin, ce qui est faux, *évidemment.* »)

Il était alors difficile de cerner un personnage qui avait tant de mal à se cerner lui-même. Et, après le feu vert à retardement de la censure gaulliste, des critiques mal inspirés ont prêté à Jean-Luc Godard le confusionnisme idéologique de Bruno, comme si le personnage central devait forcément servir de porte-voix à l'auteur. Ce contresens nocif a longtemps sévi. Heureusement, le recul dans le temps a remis les choses en place.

A qui tu parles ?

Par la suite, les personnages de Jean-Luc Godard pervertiront les codes qui les aliénaient au récit traditionnel. Ils se libèrent du carcan glacé des adaptations littéraires, ils s'expriment volontiers avec des gros mots et viennent parfois saluer comme sur une scène de théâtre *(Une femme est une femme).* Un personnage secondaire peut leur voler la vedette le temps d'une digression et, surtout, ils prennent l'audace de se tourner vers le spectateur, de l'apostropher, de le mettre dans la confidence, pulvérisant ainsi l'illusion de réalité que tant de cinéastes ont du mal à créer. On sait que l'une des fonctions de l'assistant-réalisateur est de mettre en garde contre la manie du coup d'œil vers l'objectif. Or, voici que dès les premières minutes d'*A bout de souffle*, Belmondo, au volant de sa voiture volée, se retourne vers nous pour dire : « C'est joli, la campagne... J'aime beaucoup la France... Si vous n'aimez pas la mer... si vous n'aimez pas la campagne... si vous n'aimez pas la ville... allez vous faire foutre... » Le confort de l'illusoire est sacrément malmené.

Bien sûr, Jean-Luc Godard n'a pas innové. Déjà en 1906, un cow-boy dans *Le vol du grand rapide*, braquait son pistolet vers la salle et faisait feu. Il y a eu le *Richard III* de Sir Laurence Olivier et surtout le regard d'Harriet

1

Andersson vers la fin de *Monika,* le très beau film de Bergman projeté à l'époque dans les circuits érotiques. Monika, après avoir abandonné mari et enfant, regardait longuement et fixement le spectateur. Comment interpréter ce regard ? L'ambiguïté subsistait. Ce plan avait d'ailleurs inspiré Jean-Luc Godard, jeune critique : « Il faut avoir vu *Monika,* écrivait-il dans Arts (juillet 1958), rien que pour ces extraordinaires minutes où Harriet Andersson avant de recoucher avec un type qu'elle avait plaqué, regarde fixement la caméra, ses yeux rieurs embués de désarroi, prenant le spectateur à témoin du mépris qu'elle a d'elle-même d'opter involontairement pour l'enfer contre le ciel. C'est le plan le plus triste de l'histoire du cinéma. » L'influence a dû être grande, car les personnages de Jean-Luc Godard regardent souvent vers la caméra. Le trio d'*Une femme est une femme* s'arrête de jouer pour commenter l'action, Ferdinand-Pierrot le fou se retourne vers le spectateur : « Vous voyez, elle ne pense qu'à rigoler. » Étonnement de Marianne. « A qui tu parles ? » — « Au spectateur... »

Dans *Masculin féminin,* Jean-Pierre Léaud regarde vers la caméra. Anna Karina aussi dans *Vivre sa vie* et *Bande à part.* Et Brigitte Bardot dans *Le mépris.* Et Isabelle Huppert dans *Passion.* Trois figurants suspendent l'action de *Pierrot le fou* pour réciter leur curriculum vitae. Dans *Vent d'Est,* un personnage qui se fait appeler Séducteur prend à parti le spectateur et l'invite à faire le déplacement vers l'écran : « Dans 10 secondes, vous allez être en face d'un personnage, un écran bourgeois. C'est un personnage de western, de drame psychologique, de film policier ou de film historique. Peu importe. En fait, c'est toujours un séducteur. » Il décrit la salle où vous êtes assis. Il dit qu'il est dans le noir, il dit qu'il y a plus de monde au balcon, il dit qu'il y a un vieux au 5e rang, il dit qu'il y a une chouette gonzesse, il dit qu'il a envie de la baiser, il a envie de lui donner des fleurs. Il lui demande de venir avec lui dans l'écran. Il y a de la verdure, le ciel est bleu, l'air est limpide... « Vous n'y

1. *Monika,* **d'Ingmar Bergman.**
2. *Regardons la caméra.*

1

croyez pas ? Z'avez qu'à rappliquer, bandes de cons... » Toutefois, la palme revient à Jane Fonda dans *Tout va bien* qui réussit la performance du double regard vers le hors champ en profondeur. Face à la caméra, elle parle à Montand. Son regard se dirige vers l'endroit précis où se trouve son interlocuteur, compte tenu du respect de l'espace filmique. Mais, tout d'un coup, son regard se détourne de cette direction commandée par la fiction, et elle jette un coup d'œil vers le spectateur, brusquement intégré au hors champ qu'elle vient de créer pour lui. Un instant de cinéma d'une qualité rare.

Des personnages qui n'en sont plus

Dans la mesure où les personnages s'indiquent comme personnages, ils se nient en tant que tels et sortent de l'illusoire. Il suffit donc de porter un regard critique sur l'univers où ils sont intégrés pour qu'ils prennent une dimension supplémentaire et originale. En ce sens, les personnages des *Carabiniers* en constituent un des exemples les plus intéressants.

D'abord, par dérision, les quatre personnages portent des noms légendaires, Vénus, Cléopâtre, Ulysse, Michel-Ange... A ces noms mythiques correspondent des personnages bruts issus d'une contrée sans existence réelle. Le décor se réduit à un baraquement, un terrain vague, des fragments de villes et de villages, des documents filmés.

La fiction est simple : deux soldats recruteurs viennent proposer à Michel-Ange et à Ulysse un enrôlement dans l'armée qui leur donnera tous les droits : tuer, piller, violer, exterminer les concierges, voler les Alpha-Roméos, etc. Les voilà donc partis, effectuant dans l'allégresse toutes les horreurs de la guerre. De nombreux textes, d'une garantie historique certaine, commentent ces exactions pour fable philosophique. L'énormité du trait, l'humour provocateur, la rencontre cocasse entre la fiction et les éléments du réel, les manquements malicieux aux codes de l'écriture, la désinvolture comme un des beaux-arts, tout cela ramène les personnages à la dimension de l'idée, sans qu'il y ait pour autant froideur ou désincarnation. Jean-Luc Godard les situe délibérément au-delà de toute morale, de toute psychologie, de toute sociologie. Son propos accède à l'universalité. D'ailleurs Jean-Luc Godard nous prévient qu'ils pourraient aussi bien être « des indigènes d'Indonésie, des paysans de Corrèze, des Indiens de Bolivie, ou des moujiks ukrainiens ».

Ainsi, les personnages de Jean-Luc Godard découragent toute tentative d'identification, soit par leur structure abstraite, ou composite (comme on peut le voir dans la présentation que l'auteur de *Bande à part* fait de ses trois personnages, Odile, Arthur, Franz), soit par leur fragmentation *(Une femme mariée)* ou par leurs conditionnements caricaturaux. Ferdinand-Pierrot émerge d'un monde incohérent et factice où les discussions des réceptions bourgeoises ne sont que des récitations de lieux communs publicitaires. La dépersonnalisation est presque identique à celle des robotisés d'*Alphaville* ou des angoissés du *Nouveau Monde* (le sketch de *Rogopag*). Et on ne s'étonne plus d'entendre le patron de *Tout va bien* réciter sur le ton de la caricature volubile des extraits de *Vive la société de consommation* de Jean Saint-Geours.

Jean-Luc Godard joue aussi sur les connotations. Quand Bernard Noël parle de son métier dans *Une femme mariée,* il parvient facilement à dissocier son rôle d'amant et sa véritable activité d'acteur de théâtre. La nonchalance de Lemmy Caution trouve un aboutissement logique dans *La paresse,* mais quatre ans plus tard Jean-Luc Godard place brusquement Eddie Constantine dans une rupture de cette connotation et l'acteur brûle les ailes de son mythe à la lumière artificielle d'*Alphaville.* La fonction de personnages est d'autant plus chancelante que des gens connus, sortis de la réalité

1. *La paresse.*
2. *Une femme mariée.*

quotidienne, acceptent un moment le jeu de la fiction pour mieux la pervertir. Nana en face de Brice Parain dans un bistrot de la place du Châtelet, Véronique et Francis Jeanson dans le train Paris-Nanterre, les personnages du *Mépris* filmés par Fritz Lang et son assistant Godard, Ferdinand qui rencontre Sam Fuller, himself, dans l'appartement des Expresso... On croise aussi des personnages anachroniques, comme dans *Week-end*. Emily Brontë et Gros Poucet en costumes de poésie ou Saint-Just en habit de révolution...

Mais le grand pas est franchi dans *Deux ou trois choses que je sais d'elle* avec un commentaire qui brise la structure traditionnelle de la notion de personnage :

Voix off : Elle, c'est Marina Vlady. Elle est actrice. Elle porte un chandail bleu-nuit avec deux raies jaunes. Elle est d'origine russe. Ses cheveux sont châtain foncé ou brun clair. Je ne sais pas exactement.

Voix off : Maintenant elle tourne la tête à droite, mais ça n'a pas d'importance. Elle, c'est Juliette Janson. Elle habite ici. Elle porte un chandail bleu-nuit avec deux raies jaunes. Ses cheveux sont châtain foncé ou alors brun clair. Je ne sais pas exactement. Elle est d'origine russe.

L'ascèse et la déconstruction doivent maintenant s'admettre comme postulats. Désormais les personnages, ainsi libérés du carcan de l'action, s'interrogent et nous interrogent sur les grandes lignes de force et sur les grandes mutations de notre monde. Ils annoncent Mai 68 dans *La Chinoise* et *Week-end* ; ils se font les porte-voix du didactisme contestataire de l'après-Mai 68 ; ils témoignent de l'aliénation de classe sous le règne giscardien ; ils expriment la désespérance au sein d'une opulente Suisse tranquille. Même si, après *Tout va bien,* les personnages renouent avec une apparence de structure traditionnelle, ils se gardent bien de nous inviter à l'identification. Bien au contraire. Par exemple, *Sauve qui peut la vie* nous propose une fois de plus des personnages sans contours pour la bonne raison qu'ils se confondent avec des mouvements. D'ailleurs, dans la présentation qu'il fait de son film, Jean-Luc Godard parle d'eux comme des « trajets ». « Denise Rimbaud (Nathalie) a besoin d'air, mais ne s'imagine pas encore

bien de quelle violence peuvent être les courants d'air. Son trajet s'intitule : *l'imaginaire.* »

Celui de Paul Godard (Jacques Dutronc) s'intitule *la peur.* Peur de quitter la grande ville où on est plusieurs à être seuls. Peur d'être abandonné par Denise dont il n'arrive pas à suivre le mouvement. Peur de ne même plus pouvoir reprendre des relations avec son ex-femme et sa petite fille. Les rapports entre Paul et Denise sont le plus souvent sauvages, comme si ces deux civilisés ne pouvaient se toucher qu'en échangeant des coups plutôt que des caresses.

Isabelle Rivière (Isabelle Huppert) représente le milieu entre ces deux extrêmes. Elle est venue tapiner dans la grande ville internationale où les fantasmes sexuels des hommes sont infinis et représentent beaucoup d'argent pour quelqu'un de résolu à payer de son corps sa tranquillité. Ce mouvement vécu par Isabelle s'intitule tout normalement : *le commerce.*

Dans une dernière partie intitulée *la musique,* tous les fils tissés entre les trois personnages principaux et tous les autres se dénoueront et l'on verra, dans la dernière image, les musiciens en chair et en os, jouer le thème du film, alors que Paul, accroché par une voiture, se tâte et pense qu'il n'est pas en train de mourir puisqu'il « n'a rien, vraiment rien ».

Avec *Passion*, les personnages surgissent comme dans une génération spontanée. L'introduction est exemplaire. Un ciel bleu maculé de fins nuages blancs et gris. En diagonale, l'élément de rupture : la traînée blanche, régulière, d'un avion à réaction. A peine sommes-nous installés dans cette émotion esthétique qu'un plan rapproché présente Isabelle Huppert à l'usine, poussant un chariot.

Ciel.

Plan rapproché de Jerzy Radziwilowicz au volant de sa voiture alors qu'Isabelle Huppert, aperçue par l'ouverture de la portière, accompagne le mouvement du véhicule.

Ciel.

Michel Piccoli et Hanna Schygulla, dans une lumière plus sombre, viennent de se rhabiller.

1

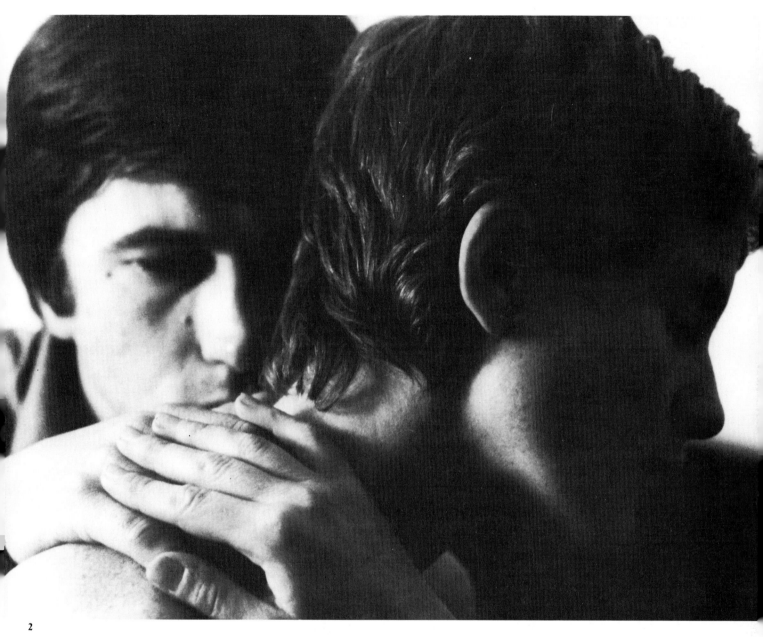

2

Ciel.

Alors que la bande-son est soumise à la même cascade de ruptures, les quatre personnages principaux sont déjà présentés dans des rapports d'aliénations passionnelles et professionnelles. Ces personnages font partie d'un ensemble où chaque élément se définit par des oppositions ou des agressions : usine/studio de cinéma, argent/art, musique/bruit, lumière/obscurité, pouvoir/révolte, travail/chômage, sacré/profanation...

Et, finalement, les personnages obéissent à une construction sérielle qui les exprime beaucoup plus qu'une recherche psychologique habituelle.

Sommes-nous au bout de la métamorphose des personnages, dans le long chemin, souvent expérimental, qui va d'*A bout de souffle* à *Passion* ?

Sûrement pas.

A l'image des personnages de *Passion* qui ne parviennent pas à dire ou à trouver la fameuse « phrase définitive », cette Arlésienne du film, la démarche créatrice de Jean-Luc Godard ignore le définitif. C'est ce qui en fait son impressionnante originalité.

1. D'*A bout de souffle*...
2. ... à *Passion*.

Présentation des personnages
de *Bande à part*
par Jean-Luc Godard

« *Odile* » Karina

Elle arrive en droite ligne du romantisme anglais du XIXe siècle, mais elle arrive aussi, et en ligne beaucoup plus droite, du classicisme allemand du siècle d'avant. C'est dire que chez elle, se conjuguent plus que parfaitement, la spontanéité de la gentille Sarn au bec-de-lièvre, le goût de la nature de l'Odile des Affinités, et l'orgueil désenchanté de la malheureuse Tess. Errant entre le premier et le deuxième degré, entre Franz et Arthur, Odile, d'ailleurs, on le dit dans le film, commet sincèrement l'erreur de raisonner par rapport aux événements et non aux hommes. Elle se sent alors cernée au lieu de se sentir entourée et elle réagit donc aux sollicitations du monde d'une manière purement animale, sans raison logique apparente. Odile n'est jamais à la fois triste et gaie, à la fois douce et violente, à la fois tendre et distante, ainsi que dans un film normal et psychologique du Bois Sacré d'Hollywood. Elle vit, au contraire, au jour le jour, c'est-à-dire au sentiment. Le sentiment qu'elle partage l'un après l'autre plutôt que tous ensemble, ce qui est le signe d'un cœur simple et poli. Pendant une minute, Odile c'est Leslie Caron dans *Orvet* ou *Lili* et, brusquement, c'est Cathy O'Donell dans *Les amants de la nuit*. Pendant trois secondes, Odile court le long de la rivière comme Jennifer Jones pédalait dans *Cluny Brown* et, tout à coup, le destin la met aux bords des larmes comme Sylvia Sydney dans l'immortel film de Lang.

... *et Anna Karina*

Il fallait une jeune et jolie fille comme Anna Karina pour jouer ce rôle qui existe toujours dans les faits divers et jamais dans les cours d'art dramatique. Élevée dans la grande et sévère tradition des Asta Nielsen, Garbo (celle de Stiller), Pola Negri, Anna (c'est ma femme et je l'aime, mais ça ne change rien à la vérité) sait introduire un peu d'air dans ce corset sublime et l'on respire alors un parfum très moderne, celui de l'improvisation chère à la comédie italienne, le néo-réalisme d'autrefois. En faisant voler son métier au secours de son talent, ce qui est très exactement l'inverse d'un jeu académique, Anna Karina arrive ainsi à faire pleurer Marianne avec les yeux de Bérénice en réconciliant Stanislawsky et Diderot, Cukor et Bresson, Eisenstein et Rouch.

« *Arthur* » Brasseur

Né dans le limon, pas très loin de Rueil, tout comme les enfants du célèbre écrivain Queneau, Arthur est un de ces personnages pour qui les métaphores n'ont jamais besoin d'explications. Il croit en effet aux décors et aux apparences, à Billy le Kid comme à Cyd Charisse. Autrement dit, c'est un garçon pour qui la vie est totalement dénuée de mystère, mais avec toute la poésie qu'implique le mot total. Autrement dit, encore et plus exactement un garçon pour qui le mystère de la vie n'est pas forcément caché dans une lointaine forêt de Brocéliande, mais peut-être bien sur l'autoroute de l'Est où l'on va et vient en poussant à fond sa Simca plein ciel. Peut-être bien aussi derrière un comptoir de café de la Porte de Vincennes quand on danse en ligne un Madison imaginaire pour retrouver les temps perdus par Anabella et Préjean, un 14 Juillet, sous les toits de Paris. On l'a compris, Arthur est un personnage du premier degré, un personnage de roman de gare. Il a pris le parti des choses et les choses ont pris le sien. Une juste mort viendra donc sanctionner celui qui n'avait pas peur de la vie.

... *et Claude Brasseur*

Pour jouer ce rôle, Claude Brasseur était l'idéal car il a l'innocence et la folie des enfants lorsqu'ils jouent aux billes ou à la guerre, c'est-à-dire à la fois la brutalité nécessaire et la candeur suffisante, et vice versa. Bref, il fait partie de cette catégorie assez rare d'acteurs qui ne peuvent s'empêcher de jouer la comédie, ou la tragédie, comme des hommes, les hommes qu'ils sont, faiblesse qui fait leur grandeur.

« *Franz* » Frey

Si l'on met les problèmes de Franz en équation, elle sera presque à coup sûr du second degré, comme celle de ses grands aînés, le Cid, Lorenzaccio. Car Franz prend tout à l'envers, la vie, la mort et son amour avec Odile qui finira donc par là où il n'avait pas commencé, le calme et le bonheur. A l'image des enfants humiliés de Bernanos, Franz s'installe volontiers et tout de suite dans le drame, l'amertume, le malheur, comme dans le collège de son enfance. A la moindre occasion, on le verra ainsi entamer un long voyage jusqu'au bout de sa propre nuit, à la recherche d'une Eurydice qui n'est jamais autre que lui-même. Il saute à travers tous les miroirs chers à Cocteau, comme un suicidé par la fenêtre, et s'il s'en tire sain d'esprit, et sauf de corps par on ne sait quel miracle, c'est que Franz cache sans doute un cœur de Richard III sous un imperméable acheté dans un roman de Simenon. Sans doute, est-il lui aussi toujours prêt, comme les petits loups, à donner son royaume de banlieue contre une vingt-quatre cylindrée en V pour gagner la bataille d'Indianapolis. La force et l'originalité de Franz, dans notre époque pourrie par les IBM des fonctionnaires, sont d'avoir gardé intactes ces réserves d'imaginaire vantées par les surréalistes... Il a rencontré Odile près de la Bastille comme naguère Breton avait croisé Nadja, au carrefour de l'insolite et du réel. Tels les héros décrits par Novalis, Franz prendra donc toujours la réalité pour ses désirs, car il sent bien que si le monde devient rêve, à son tour, une belle fois pour toutes, le rêve deviendra monde.

... *et Sami Frey*

Il fallait évidemment Sami Frey pour interpréter un semblable personnage. Sami que je vois souvent rôder le soir à l'heure où s'allument les lumières dans la Jungle des villes, méfiant et tragique au volant de sa grosse et longue Jaguar. Sami, qui sait jouer Brecht et Claudel comme les Français ne le savent pas, avec cette sorte de passion dont Bossuet entretenait Henriette d'Angleterre, cette rage qu'enfièvre la logique. Sami, avec qui je tournerai un jour William Wilson de Poe, lequel n'a de cesse qu'il ne soit arrivé à tuer quelqu'un parce qu'il lui ressemblait trop, et s'aperçoit alors qu'il s'est tué lui-même, et que c'est son double qui reste vivant. Sami qui, s'il ne l'était pas déjà, deviendra un grand acteur.

Odile, Arthur et Franz, les personnages de *Bande à part*

« Ils se lèvent le matin, il faut trouver un oiseau à manger à midi, un autre pour manger le soir. Entre-temps, ils vont boire à la rivière et puis voilà. Ils vivent selon l'instinct, selon l'instant. »

1 et 2. *Bande à part.*

Le petit soldat.

Est-ce 24 fois la vérité par seconde?

« — J'ai de la pellicule tellement sensible, c'est de l'Agfa-Record, que, quand on photographie un visage... on photographie l'âme qui est derrière... Vous avez l'air d'avoir peur. Pourquoi ?
— Oui, j'ai peur.
— Faut pas.
— Je trouve que c'est comme si la police m'interroge.
— Oui, oui, un peu. La photographie, c'est la vérité et le cinéma, c'est vingt-quatre fois la vérité par seconde... »

(Le petit soldat)

La définition a fait fortune. On la cite maintenant jusqu'à l'usure du lieu commun. Une des formules les plus célèbres des nombreuses interrogations que Jean-Luc Godard pose au sujet de l'art qu'il aime et qu'il remet constamment en question.

Le regard du photographe sélectionne une parcelle de la réalité, fige la vie pour mieux la posséder et accède à la vérité de l'instant. On photographie beaucoup dans les films de Jean-Luc Godard et on voit beaucoup de photographies. Dans le studio où Belmondo espère trouver un refuge à la fin d'*A bout de souffle*. Auprès d'Yves Montand dans *Tout va bien*. La séance de pose du *Petit soldat* commence comme une interrogation, et se termine en déclaration d'amour. Dans *Alphaville*, Lemmy Caution a le geste instinctif de photographier.

La photographie renseigne sur les goûts et les engagements des personnages. Et du cinéaste, évidemment. Elle est constamment au rendez-vous de la réalité historique et du bagage idéologique des personnages. Il arrive que la caméra abandonne provisoirement la fiction pour explorer ces photographies qui servent souvent d'uniques décorations murales, comme dans *Le petit soldat*. « Sept heures du matin. Quelques instantanés pris aux quatre coins du monde défilent devant moi, comme dans un mauvais rêve... Panama, Rome, Alexandrie, Budapest, Paris... »

« C'est terrible, hein, ce que c'est anonyme... On dit 115 maquisards (tués) et ça n'évoque rien, alors que pourtant chacun, c'est des hommes, et on ne sait pas qui c'est. S'ils aiment une femme, s'ils ont des enfants, s'ils aiment mieux aller au cinéma qu'au théâtre. On sait rien. On dit juste 115 tués. C'est comme les photographies, ça m'a toujours fasciné. On voit la photo immobile du type avec une légende dessous. C'était un lâche ou un chic type ; mais au moment précis où la photo a été prise, personne peut dire qui était-ce réellement et ce qu'il pensait : à sa femme, à sa maîtresse, au passé, au futur, au basket-ball.... On ne saura jamais. »

(Marianne dans *Pierrot le fou*)

La photographie constituera l'un des supports privilégiés de toute la série des films de Mai et de l'après-Mai 68, avec ses apparentements, ses juxtapositions, ses rapports avec l'écrit et la voix, ses montages, ses analyses, ses décryptages. Savoir montrer une photographie, c'est savoir comprendre un fait pour mieux s'en servir.

L'image fixe devient même le centre d'intérêt d'essais comme *Photographies et Cⁱᵉ (Six fois deux)* et surtout *Letter to Jane*. Ce moyen métrage était prévu pour accompagner *Tout va bien* aux Festivals de New York et de San Francisco. Il s'agit du décryptage, par l'image et le son, d'une photographie parue dans « L'Express » en août 1972 : Jane Fonda chez les Nord-Viêtnamiens. L'actrice regarde un Nord-Viêtnamien dont le visage est obscurci par un effet de contre-jour. D'autres Nord-Viêtnamiens, flous, apparaissent à l'arrière-plan. La prégnance de la photographie oriente la perception vers l'expression du visage de Jane Fonda. A partir de l'architecture du document, de son cadre et d'un montage comparatif avec d'autres expressions de visages (Jane Fonda dans *Klute*, son père Henry Fonda dans *Les raisins de la colère* et *Young Mr. Lincoln*, John Wayne dans *Les bérets verts*, Falconetti, Lillian Gish, Valentino saisis dans l'esthétique du muet), Jean-Luc Godard et Jean-Pierre Gorin posent la question essentielle : quel doit être le rôle des intellectuels dans la révolution ? La question est d'ailleurs posée de façon pittoresque puisque Jean-Luc Godard et Jean-Pierre Gorin ont rédigé leur lettre dans la langue de Shakespeare. Il n'est donc pas étonnant qu'elle ne soit pas parvenue chez nous.

Alors, on peut se consoler avec le numéro 300 des « Cahiers du Cinéma » conçu et mis en pages par Jean-Luc Godard. A partir de la couverture d'octobre 1978 de « Positif », consacrée à *L'homme de marbre* de Wajda, Jean-Luc Godard, sur 22 pages, analyse la photographie, évoque la révolution d'Octobre avec des photogrammes du film d'Eisens-

Le petit soldat.

tein, et dégage la signification amère de l'expression de visage de Krystyna Janda. « Voir que Krystyna Janda joue comme dans un (mauvais) rêve de ce que fut Octobre, un mauvais souvenir. » Dans cet éblouissant numéro 300, Jean-Luc Godard nous a invités à une mutation de l'approche critique. Il exprime la quintessence d'une rencontre entre un film et une situation politique en manipulant brillamment des images fixes et des mots.

Les photographies sont toujours présentes, sur les murs, dans les journaux, sur les affiches, sur les livres, ou en gros plan devant l'objectif de la caméra-cinéma ou de la caméra-vidéo. Elles sont regardées, manipulées, échangées comme dans cette merveilleuse séquence du retour de guerre des *Carabiniers*. Il s'agit ici de cartes postales que les deux affreux jojos ramènent en guise de trésor de guerre. Une valise pleine. Elles sont soigneusement classées par rubriques et réunies en petits paquets. Alors l'énumération commence. D'ailleurs on aime beaucoup énumérer chez Jean-Luc Godard, que ce soit des parties du corps, des gros mots... Mais ici, l'énumération cultive l'hypertrophie de la durée et va allègrement au-delà des codes de la patience. La longueur provocatrice du défilé de cartes postales se fait dans l'ordre et la méthode, « comme l'officier le disait toujours »... Avec des premièrement, des deuxièmement, des troisièmemement. Les monuments, les moyens de transport, par terre, par eau, par air, les grands magasins (« A la Samaritaine, la clientèle est reine... »), les femmes, une catégorie à part. La dérision devient cocassement exaspérante et Jean-Luc Godard nous venge avec humour de ces interminables récits d'anciens combattants que nous avons tous à subir un jour ou l'autre.

« Il est bon de s'en tenir à la vérité, quand bien même elle serait invraisemblable. »
(Tout va bien, inscription murale)

S'interroger sur la photographie, c'est demander à la petite fille de *France, tour détour, deux enfants* si la photo est d'elle, à elle ou avec elle, pour lui faire découvrir que l'image est un objet, tandis que le mot *Vérité* s'inscrit en rouge sur le petit écran. C'est demander au petit garçon ce qu'est la lumière par rapport au temps et à l'espace, pour réaliser ensuite le plus beau des documentaires sur la genèse et le langage d'un document photographique.

Un documentaire sur la vérité

Le compteur électronique part de 0. Les chiffres des centièmes de secondes commencent à défiler comme pour mesurer une performance sportive. Cette fois, c'est le mot *Histoire* qui prend possession du petit écran. Le temps, c'est cela, une succession de chiffres qui apparaissent les uns après les autres en fonction de la place heure, minute, seconde, fraction de seconde.

La caméra cadre maintenant le bain du révélateur-photo. Une tonalité rougeâtre. Les chiffres électroniques continuent leur ronde programmée. Des mains anonymes plongent le papier-photo dans le liquide. « On va tirer une photo, dit la voix off. Une fois d'ailleurs, il faudra parler du cadre, pourquoi une image est toujours encadrée... Mais là, c'est autre chose. D'abord mesurer le temps que ça prend, physiquement, à tirer ça, cette image au clair. »

La caméra s'immobilise maintenant pour laisser faire le temps chimique. Au bout d'une minute quarante, filmée dans sa durée réelle, un très léger travelling avant casse l'attente.

« Là, une minute quarante, et si on continue, ça devient de plus en plus noir. Trop de lumière blanche, et ça retourne en quinze secondes dans la nuit. Ça se brûle comme du charbon et ça noircit. »

Maintenant le petit écran s'est complètement obscurci. Les chiffres électroniques indiquent les deux minutes.

« C'est ce qui a dû se passer avec cette photo. On l'a abandonnée à la lumière. Ce qu'elle disait est resté obscur. Hélas, ce n'était pas n'importe quelle photo et, à sa place, d'autres ont été mises en lumière pour qu'on les

voit bien nettes... pour faire peur ou pour rassurer, pour donner de l'espoir... »

On voit alors le beau visage d'Allende qui oblitère le vilain masque de Nixon, auquel Jean-Luc Godard n'accorde qu'un flash à la limite du seuil de perception. Mao. Encore Allende. On revient au document que l'on va retirer du bain de tirage. Le mot *Histoire,* qui avait rapetissé, est maintenant plus grand.

La voix off continue : « Des fois des sourires, des fois des drames, mais en pleine lumière, juste au moment où il fallait. Alors que celle-là attendait toujours dans toutes les salles de rédaction pendant que les autres lui volaient purement et simplement sa lumière. On a vu une minute quarante de temps physico-chimique et, je ne sais pas, environ ces trente ans de temps social qu'elle a attendus... »

Le suspense de la genèse est maintenant terminé. On voit naître la photo : un prisonnier russe et ses deux gardiens

soviétiques. Trois avec le chien. Il y en a des millions d'autres comme lui, et le texte précise que vingt millions sont morts dans ce genre de prison.

Alors d'autres images défilent. Les escaliers d'Odessa du *Cuirassé Potemkine...* des images de guerre... la fleur au fusil au Portugal...

La photo du prisonnier pesait peut-être trop lourd et il fallait la remplacer par d'autres.

Cette fois, la démonstration est faite. L'image peut avoir un poids. C'est en ce sens qu'il faut aborder le problème de la vérité dans sa coïncidence avec la réalité figée dans l'instantané.

« Alors on peut peut-être dire aujourd'hui, triste revanche, que toutes les photos qui ont été vues à la place de celle-là pour arriver à contrecarrer tout ce qu'elle avait de terrible, même nombreuses, on peut dire maintenant qu'elles étaient trop légères sans doute pour faire le poids, pour changer quelque chose. »

Le suspense de la genèse d'une photographie, *France, tour détour, deux enfants.*

« Il y a peut-être une photo qui manque dans vos montages. Je suis d'accord pour Allende, la Chine, Prague, Israël, Palestine, mais j'aurais mis une photo de... (ici le nom d'un champion de ski).

« Il est premier à deux centièmes de seconde et Concorde met trois heures pour aller à New York. Mais on fait quoi de ces centièmes de seconde, de ces trois heures ?

« Peut-être qu'on mettra trente ans aussi à savoir quoi en faire.
— Trente ans, l'âge de raison...
— La raison du plus fort...
— Bon, maintenant, à l'usine.
— Pourquoi maintenant ?
Ça, c'est une autre histoire... »

(France, tour détour,
deux enfants, troisième émission)*

Communication, information, espace, temps

L'image est vulnérable. Il suffit d'un son, d'un signe, d'un symbole, d'une lecture parlée ou mentale, pour la rendre mensongère. Le mariage est risqué entre le son et l'image, la légende et le document ; dans cette quête de vérité, on pense forcément à l'argument de scénario de *Comment ça va.*

Deux photos se ressemblent par le cadrage et la position des personnages. On les met l'une près de l'autre. D'un côté, un homme au poing levé hausse le bras d'un soldat en face de lui. De l'autre, un homme interpelle un CRS.

Voici deux réalités traduites en fraction de seconde. Que disent-elles ?

Les deux documents prennent une signification plus précise lorsqu'on connaît leur provenance. Le 25 avril 1974 au Portugal au moment de la Révolution aux œillets. La grève du « Joint français ». Alors, quelle légende ?

Peut-être : « L'image de ces soldats en uniforme, armée déjà populaire, sifflant l'Internationale, entourés par 20 000 personnes, va peser lourd dans le processus... »

Jean-Luc Godard et Anne-Marie Miéville invitent alors le spectateur à une réflexion sur la communication de

l'information. Avec le support des documents, ils multiplient les inscriptions mobiles, jouent avec les signes et les glissements de sens, superposent les photos, et, en fin de compte, dénoncent le pouvoir que s'octroient les journalistes dans l'utilisation de ces parcelles de réalité.

Moralité : « Salauds de journalistes... » La formule a fait tilt dans les salles de rédaction, auxquelles Jean-Luc Godard propose cette nouvelle déontologie : « Montrer comment sont vraiment les choses plutôt que d'imprimer des choses vraies. »

Méfions-nous des journalistes qui restent à leur place tout en se mettant à la place des autres. Cette remise en cause, dans le décor de l'imprimerie d'un journal communiste, est enrichie de séquences qui concernent l'univers quotidien d'une famille de province. Les problèmes évoqués se ramènent à la manière de considérer la médiation dans les rapports humains. Il y a quelqu'un qui façonne un message et quelqu'un qui le consomme. Un auteur et un spectateur. L'activité et la passivité. Il va de soi que l'on déborde le simple problème de la photographie et de sa légende possible. Jean-Luc Godard et Anne-Marie Miéville filment non seulement le « comment » de *Comment ça va,* mais aussi le « ça », c'est-à-dire ce qui sécrète une idéologie et qui la communique. Le spectateur est invité à reprendre ce pouvoir usurpé. La vérité est à ce prix.

Dans *Ici et ailleurs,* les documents photographiques sont confiés à des porteurs d'images. Les personnages sont en file indienne face à la caméra-vidéo. Chacun vient devant la caméra et se place de manière à cadrer une photographie à enregistrer. Dans cette nouvelle définition visuelle du cinéma, la lente procession des porteurs d'images se soucie fort peu de la cadence des 24 images par seconde. Les personnages ponctuent par le mot *espace* leur mise en place du document. Ensuite, ils s'immobilisent en rangs d'oignons derrière la caméra, en criant le mot *temps.*

L'*espace* et le *temps* sont-ils les coordonnées de la vérité ? L'*espace,* c'est l'organisation de l'image, son cadrage,

son accord fugitif avec la réalité. Le *temps,* ce sont les boîtes, les placards, la cinémathèque, le laboratoire, le grenier et les quatre années qui séparent les prises de vues en direct et le montage définitif. Jean-Luc Godard, en effet, s'était déplacé dans les pays arabes pour ramener un film pro-palestinien qui se serait appelé *Jusqu'à la victoire.* Il avait filmé les combattants palestiniens dans leurs activités quotidiennes, à l'entraînement ou à l'heure des débats. Et puis, il y a eu Septembre noir, le massacre des Fedayins à Amman par les troupes du roi Hussein, en 1970. Le recul dans le temps montre que les images étaient celles d'acteurs en danger de mort.

« Alors, écrit fort justement Jacques Chevallier dans la " Saison cinématographique 77 ", Godard et Anne-Marie Miéville utilisent ces images dans une perspective toute différente. Au lieu de chercher à diffuser sur cet " ailleurs " (la Palestine) une contre-information, une information militante ou une information plus complète, ils l'utilisent tel un exemple, pour mettre en question la communication dominante et plus généralement la communication elle-même. Celle-là est, à l'évidence, éparpillée, anecdotique, mensongère ; mais celle-ci, aussi sincère soit-elle, ne conduit-elle pas à sa manière aux mêmes résultats ? Comme si toute " vraie " communication était impossible. Pour Godard, l'homme, semble-t-il, ne peut être maître — aujourd'hui et quoi qu'il fasse — de " ses " images et de " ses " sons. Il est en présence d'un langage éclaté, composite, brassant les messages les plus divers (publicitaires, politiques, sportifs), messages qui s'annulent dans leur succession précipitée. Un langage qu'on utilise (montage, collage, par exemple : une image signifiant 36, mangée littéralement sur

« La lumière, il faudrait s'en servir pour éclairer une situation, pas les stars. Une situation, ça se dénoue. Parce qu'on croyait qu'il n'y avait qu'un seul fil, une seule histoire. Et qu'on voit qu'il y en a deux. »

(France, tour détour, deux enfants)

1 et 2. *Deux ou trois choses que je sais d'elle.* **Photo de tournage.**

l'écran par celle d'Hitler) pour produire un sens, mais en sachant bien que ce sens va s'effriter dans la multitude (trois images, neuf images, etc. — sur un écran qui semble se composer et se décomposer à l'infini)... »

Contre l'illusion de réalité

La vérité est piégée par le cadre et la chimie, le montage et la légende, le son et le mot, l'instant et le recul dans le temps, l'abus de pouvoir du journaliste et la subjectivité du militant. Alors, vingt-quatre fois la vérité par seconde ?

Le petit soldat appliquait tout bonnement la fameuse théorie de la persistance rétinienne qui, même remise en question, continue à être considérée comme la condition essentielle .de

l'illusion de réalité. L'image perçue et la trace rétinienne (1/24e de seconde) se superposent pour former l'image composite que le spectateur investit de sens, de connotations, de bagage culturel et d'humeur momentanée. Pour que l'illusion de réalité fonctionne à plein, il faut que la perception de l'image soit installée dans un confort aussi bien idéologique que matériel.

C'est ce confort que Jean-Luc Godard s'ingénie à chahuter, en le dénonçant comme mensonge, et en cassant le mouvement et la durée par un talentueux travail de désillusionniste. Finalement, il y a autant de vérité dans un ralenti qui montre l'efficacité d'un geste sportif que dans un accéléré qui rend perceptibles l'éclosion d'une fleur ou les mystères de la vie microbienne. Le cinéma scientifique ne s'y est pas trompé.

Par contre l'illusion de réalité est toujours mystificatrice dans la mesure où elle se donne comme vérité. La première séquence du *Grand alibi* d'Alfred Hitchcock nous en apporte le meilleur exemple. Soupçonné de meurtre, Richard Todd trouve refuge dans la voiture de Jane Wyman, son amie. Pour se justifier, il raconte... Là, Hitchcock, sur le mode du flash-back, montre ce qui est dit. L'illusion est parfaite. Jane Wyman croit en l'innocence du jeune homme. Le spectateur aussi. Or, on découvrira plus tard que c'était un flash-back mensonger. L'homme traqué est bel et bien un meurtrier névrosé. En fait, tout le monde a été abusé parce que le récit était vécu sur le mode de la représentation. Dans ce film, le public l'apprend à ses dépens. La crédulité s'entretient avec les codes de la représentation.

La grande subversion commence avec la manière de concevoir le montage d'*A bout de souffle*. Jean-Luc Godard, dans un souci d'efficacité, multiplie les ellipses, les cassures dans le mouvement, les absences de raccords. Le récit alternait les brusques successions dans le temps et les séquences plus proches de la durée réelle, comme le plan-séquence de l'agence de voyages Inter-America lorsque la caméra accompagne en travelling Michel Poiccard et Tolmatchoff (Richard Balducci) dans le trajet circulaire qui part de l'entrée de l'agence pour y revenir. Ce mélange des rythmes avait de quoi déconcerter à l'époque, alors que les habitudes de perception correspondaient encore au travail bien léché de l'académisme. Il arrive même qu'un mouvement qui pouvait être normalement donné dans sa continuité, soit fragmenté au montage avec une utilisation toute particulière de l'échelle des plans. Je prends l'exemple de l'assassinat du motard, à la fin de la deuxième séquence d'*A bout de souffle*.

« Gros plan du chapeau de Michel. Sur ce même plan, nous descendons sur le visage de profil.

— *Ne bouge pas, ou je te brûle...*
Nouvelle descente jusqu'au bras plié de Michel dont on suit, en gros plan, l'avant-bras jusqu'à la main brandis-

2

sant l'arme et dont les doigts enclenchent le barillet. Raccord.

Le mouvement est altéré par un très gros plan du barillet, puis du canon de l'arme.

Coup de feu. Plan moyen sur le corps du motard qui s'écroule dans les fourrés.

Plan général en légère plongée de la campagne, vaste plaine. Michel court (musique forte) à travers champs, en chapeau et sans veste. Il traverse une petite route et continue à fuir au loin. Fondu au noir. » (D'après le découpage paru dans l'« Avant-Scène » n° 79.)

Le procédé est repris et accentué dans *Le petit soldat,* avec, en plus, de fréquents balayages. Bruno Forestier se rend dans l'appartement où il doit faire une série de photos avec Véronica Dreyer. Premier plan : il pénètre dans

le hall d'entrée du rez-de-chaussée. Deuxième plan : un balayage de bas en haut sur la façade de l'immeuble. Troi-

« Faire un film, c'est appréhender un ensemble d'un coup, par fragments. Chaque plan n'est pas organisé en vue d'une fonction dramatique. Un film n'est pas une suite de plans, mais un ensemble de plans. Il y a un côté animal que j'aime bien. J'ai toujours eu un goût particulier pour les documentaires, même ceux de Disney. J'adore aller au Jardin d'Acclimatation voir les fauves. Ils ont une manière de bouger, une brusquerie. Moi, je filme un monde instinctif d'une manière réfléchie. Je veux filmer la naissance des choses et des événements. J'essaye de donner à la réflexion le prix de l'instructif, à l'instructif le prix de la réflexion... »

(« Les Lettres françaises », mai 1964, interview Raymond Bellour)

1. *Le grand alibi* d'Hitchcock...
2. ... et le grand mensonge, *A bout de souffle.*

Un autre plan-séquence de *Masculin Féminin.*

sième plan : à l'intérieur de l'appartement, la jeune fille l'a déjà accueilli et il enlève son manteau. A ce propos, j'ai encore en mémoire l'excellente démonstration télévisée de Jean Douchet devant sa visionneuse.

Jean Douchet part lui aussi de la fameuse définition : « Le cinéma, c'est vingt-quatre fois la vérité par seconde », mais tout de suite il dénonce le postulat de création des nombreux cinéastes qui, avant Jean-Luc Godard, ont joué sur l'illusion que le cinéma est un mouvement continu.

Jean Douchet se dirige alors vers sa visionneuse. Il nous montre ce qu'est une image. Puis une autre. Encore une autre. Elles sont séparées par une barre noire très apparente sur le petit écran de la visionneuse. Jean Douchet nous montre maintenant le ruban de pellicule qui correspond à une seconde et qui se caractérise par la discontinuité des vingt-quatre images. « Le temps devient une distance qui se parcourt comme si la caméra se déplaçait le long de la pellicule, sur les images fixes. »

Et Jean Douchet souligne le rapport entre cette discontinuité et la disparité agressive de nos sensations quotidiennes : bruits d'ambiance, crissements de freins, avertisseurs... Nous vivons aussi nos sensations sur le plan de la discontinuité. Dès lors, la mise en scène cinématographique doit tenir compte de ces nouveaux principes.

Même le plan-séquence, considéré depuis toujours comme le triomphe de l'illusion du mouvement, n'échappe pas, chez Jean-Luc Godard, à cette subversion, venue de la bande-son.

Je prends comme exemple l'un des plans-séquences les mieux réussis techniquement de *Masculin féminin*. Paul (Jean-Pierre Léaud) veut déclarer son amour à Madeleine (Chantal Goya). La caméra les prend au moment où ils entrent dans le bistrot et les suit dans leur mouvement vers le comptoir. Là, elle opère un mouvement tournant pour les cadrer devant le comptoir et enregistrer le début de leur conversation. En bruit de fond on entend le choc des billes de billard. Madeleine est pressée, elle regarde furtivement sa montre tandis que Paul sort du champ un instant et revient chercher son amie

pour l'emmener dans la salle de billard. La caméra les accompagne en travelling, perd Madeleine en hors champ et suit Paul qui contourne les billards. Paul rejoint Madeleine déjà assise. La caméra s'immobilise pour enregistrer une déclaration qui ne vient pas. Paul hésite, puis invite Madeleine à aller dans une salle plus calme. La caméra suit leur déplacement en travelling arrière. Les bruits d'ambiance sont très forts. Le couple trouve une table libre alors qu'on entend une voix off qui lit un passage croustillant d'une revue pornographique. Paul et Madeleine s'assoient, cadrés d'assez près. La lecture érotique couvre maintenant toute la bande-son. Madeleine ouvre son sac et un léger mouvement d'appareil montre maintenant deux obsédés sexuels qui lisent à haute voix chacun à leur tour. La caméra revient sur les jeunes gens. Madeleine a sorti un chèque de son sac, elle le regarde. Visiblement irrité par l'agression sonore, Paul se lève et conduit son amie vers une autre table. Ils sont à peine assis qu'un garçon vient prendre la commande et qu'on entend une autre conversation intime venant de la gauche. La caméra cadre maintenant le couple à confidences et revient sur Paul et Madeleine. La jeune fille décide de partir. Une musique d'un disque de Chantal Goya envahit la bande-son pendant que le couple se dirige vers la sortie.

« Laisse-moi, oh je t'en supplie ;
Je ne suis pour toi qu'une amie
Laisse-moi continuer ma vie... »

La musique s'arrête net pour permettre à Paul de lancer sa déclaration :
« Voulez-vous devenir ma femme ?
— On verra ça plus tard, j'suis pressée. Au revoir. »

La chanson reprend sur les séquences suivantes, mais d'une manière discontinue...
« Laisse-moi connaître le jour
De mon premier grand amour... »

Le cinéma de Jean-Luc Godard marque une rupture avec l'impérialisme de la durée. C'est ainsi qu'il en arrive à fragmenter une séquence qui aurait pu être un modèle de morceau de bravoure : le fameux travelling de 300 mètres le long de la route embouteillée de *Week-end*. Pour n'importe

quel cinéaste, la tentation aurait été forte de filmer dans sa continuité la progression vers le lieu de l'accident. Or Jean-Luc Godard s'ingénie à casser son mouvement d'appareil tout en continuant à déplacer sa caméra parallèlement à la file de voitures immobilisées. Il place des inserts : le mot *week-end*, des indications horaires. Il amène des ruptures avec certains incidents visuels, comme l'énorme camion-citerne Shell qui prend l'entière possession de l'écran, ou bien il introduit une brusque intervention de l'absurde, comme cette voiture coincée dans la file alors qu'elle se trouve en sens inverse. Le résultat est conforme à cette mise en pièces. Jean-Luc Godard désamorce l'effet de suspense. Alors que, traditionnellement, la montée dramatique aurait été tendue vers le lieu de l'accident, la caméra ne fait que passer devant les voitures disloquées et les cadavres ensanglantés allongés sur le bord de la route. « Il y a différence, conclut Jean Douchet, parce qu'il y a indifférence. » Et Yanne et Darc s'empressent aussitôt de prendre le petit chemin perpendiculaire qui les mène vers l'apocalypse.

Dans *Passion,* Jean-Luc Godard laisse subsister dans son unité un magnifique plan-séquence. La caméra cadre d'abord une jeune figurante nue, au bord de la piscine surélevée du studio de prise de vues. Un travelling latéral conduit le regard vers un machiniste, en contrebas, occupé à la récitation d'un poème en face d'une petite fille. En bout de travelling, on aperçoit, sur la droite, un membre de l'équipe du film devant un bureau. Jerzy Radziwilowicz, qui joue le cinéaste à la recherche de la lumière, apparaît tout au fond et se dirige vers la caméra. Un travelling arrière agrandit le champ maintenant cadré en légère plongée. La caméra suit Jerzy Radziwilowicz qui grimpe vers la piscine jusqu'à ce qu'il parvienne jusqu'à la figurante nue. Comme elle est sourde-muette, c'est une assistante qui lui signifie par une petite poussée, qu'elle doit entrer dans l'eau. La jeune fille s'allonge dans la piscine, la caméra s'approche d'elle, passe au-dessus, et vient cadrer Jerzy Radziwilowicz devant l'élément de décor qui sert de découverte. Lazlo Szabo, dans le rôle du producteur, le rejoint, s'assied près de lui et engage une conversation. Les deux hommes font face à la découverte. Jerzy Radziwilowicz fait éteindre progressivement les lumières. Il ne subsiste qu'un petit rectangle blanc et quelques reflets dans l'eau.

Ce plan-séquence, parfaitement maîtrisé, est d'une beauté extraordinaire. Les cinéphiles se régalent. Mais brusquement, ce magnifique travail de caméra est cassé par un paysage de neige qui frappe la rétine d'une manière aussi brutale qu'un bruit de tracteur dans un paysage poétique fabriqué pour les besoins d'un film, avec une caravelle au beau milieu d'une prairie et des figurants costumés pour une résurrection d'une toile de Velasquez.

La fragmentation et la rupture deviennent l'une des grandes constantes des films de Jean-Luc Godard, à tel point qu'*Une femme mariée* se présente comme

Fragments
d'un film
tourné en
1964

Les cadrages fragmentent les corps nus. Le film tout entier se présente comme une addition de tranches de vie sélectionnées au cours d'une journée. Les dix plans-séquences de 12 minutes de *One + One* s'accumulent sur le mode d'une discontinuité agressive. On connaît la construction de *Vivre sa vie* en douze tableaux à titrages multiples.

En cours de film, la fragmentation se fait aussi au niveau de l'introduction d'images mentales peu soucieuses du respect de la chronologie. Dans *Le mépris*, Michel Piccoli évoque des souvenirs immédiats (l'épisode déterminant de la montée en voiture) qu'il mêle à des images idéalisées (Brigitte Bardot toute nue) et même à une vue prémonitoire (le couple sur la terrasse ensoleillée de la villa de Capri, alors que cette séquence viendra plus tard). Dans la très belle séquence de *Tout va bien* où Jane Fonda accable de reproches Yves Montand, la jeune correspondante américaine « qui ne corres-

pond plus à rien », argumente en faisant intervenir des images mentales. Elle a besoin d'images de lui au travail, d'elle au travail et d'une image qu'elle a dans la tête et que la caméra nous montre en très gros plan : « La main d'une femme sur la queue d'un mec » (l'accent de Jane Fonda fait merveille). Copie mentale d'un document photographique réel qu'elle exhibe en fin de discussion. De même, la prise de conscience politique de Montand se fait par une évocation des affrontements qui opposent CRS et jeunes grévistes. Les manifestants arrêtés, mains sur la tête, défilent devant les policiers haineux. Alors, plusieurs faux raccords altèrent le mouvement normal des captifs, comme s'ils soulignaient le remplacement d'une image mentale par une autre.

Dans ces conditions, le faux raccord prend une valeur subversive indiscutable. Les codes traditionnels de la narration cherchaient à éviter la cassure du mouvement lorsqu'il y a fragmentation dans l'espace.

Jean-Luc Godard est capable de très beaux raccords comme il l'a prouvé plusieurs fois dans *Passion,* mais il lui arrive aussi de cultiver l'art du faux raccord. Dans *Tout va bien,* la séquence entre Jane Fonda et Yves Montand, que je cite plus haut, commence par un faux raccord qui touche à la provocation. On voit Jane Fonda venir s'asseoir sur un beau canapé bleu. Elle s'assoit. Le plan suivant la cadre plus rapprochée... en train de s'asseoir. Il y a même chez Jean-Luc Godard des faux raccords d'anthologie, comme celui de la fin de *Week-end* ou celui de la jeune patriote blonde que l'on va fusiller dans *Les carabiniers.*

Quand on lui fait le reproche, Jean-Luc Godard répond : « Quant aux faux raccords, il y en a un, superbe, émouvant, eisensteinien, dans une scène où l'un des plans sera d'ailleurs pris directement dans *Le Potemkine.* On voit en plan général un sous-officier de l'armée royale enlever sa casquette à une jeune partisane aussi blonde que les blés de son kolkhose. Dans le plan d'après, en gros, on revoit le même geste. Et alors ? Qu'est-ce qu'un raccord sinon le passage d'un

plan à un autre ? Ce passage peut se faire sans heurt, et c'est le raccord à peu près mis au point en quarante ans par le cinéma américain et ses monteurs qui, de films policiers en comédies et de comédies en westerns, ont instauré et raffiné le principe du raccord précis sur le même geste, la même position afin de ne pas rompre l'unité mélodique de la scène. Bref, un raccord purement manuel, un procédé d'écriture. Mais on peut également passer d'un plan à l'autre non pour une raison d'écriture, mais pour une raison dramatique, et c'est le raccord d'Eisenstein qui oppose une forme à l'autre et les lie indissolublement par la même opération. Le passage du plan général au gros plan devient alors celui du mineur au majeur en musique par exemple ou vice versa. Bref, le raccord, c'est une sorte de rime, et il n'y a pas de quoi faire des batailles d'Hernani pour des escaliers à dérober. Il suffit de savoir quand, où, pourquoi et comment. »

Cette esthétique de la discontinuité trouvera un de ses aboutissements dans les décompositions du mouvement de *France tour détour deux enfants* et de *Sauve qui peut la vie* ; comme s'il fallait trouver la vérité dans une fragmentation saccadée ; comme si le regard devait s'introduire au sein même du mouvement pour capter l'expression vraie dans l'instant. Cette remise en question nous ramène en l'an − 15 avant A. et L.L. avec le fusil photographique de Marey ou en l'an − 13 avant A. et L.L., avec le zoopraxinoscope d'Eadweard Muybridge. Eux aussi avaient compris que la vérité ne se trouvait pas dans l'illusion du mouvement continu.

L'avion Concorde. « Plus votre banquier est proche, plus les affaires vont vite. »
Une femme africaine agenouillée, son bébé sur le dos.
3 000 km/heure et 3 cm/heure.
Réponse : « Les Blancs vont vite car ils ont volé leur temps aux Noirs. »
(Leçons de choses dans *6 × 2*)
Les faux raccords, c'est comme les fautes d'orthographe des enfants qui permettent de rester plus longtemps avec eux.

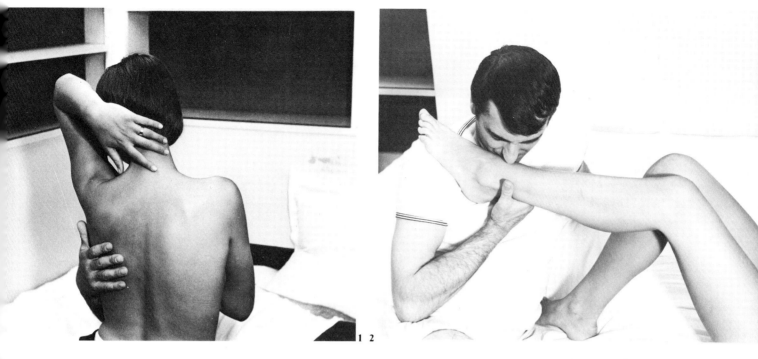

1, 2, 3 et 4. Fragments d'*Une femme mariée.*

Je suis allé au Cinématographe. *Les carabiniers.*

L'écran déchiré

« Hier, on a pris d'assaut la ville de Santa Cruz.
Les jeunes filles nous ont jeté des fleurs.
Je suis allé pour la première fois au cinématographe. »

(Les carabiniers)

Et puisque nous nous interrogeons sur le cinéma, pourquoi ne pas évoquer une définition géniale filmée en 1924 par Buster Keaton dans *Sherlock junior* ?

La mise en scène est exemplaire : Keaton est projectionniste dans un cinéma qui programme *Cœurs et perles.* Alors que les images s'animent sur l'écran, le projectionniste s'endort.

Bientôt il se dédouble selon un trucage souvent repris dans la représentation des fantômes. Le double s'assied dans la salle, monte sur la scène et entre dans l'écran. Il est capable de franchir la surface de l'illusion et de se retrouver de l'autre côté, en une sublime rencontre entre le rêve et l'illusion.

Là, un prodigieux festival de raccords nous présente le personnage de Keaton tourmenté par la définition même du cinéma. Le montage juxtapose de brefs plans fixes qui jouent avec l'espace et le temps. Voici Keaton dans un jardin, puis dans une rue saturée de voitures, au bord d'un précipice, dans un zoo, dans un paysage désertique, sur un rocher entouré d'eau, dans une étendue neigeuse et dans le jardin du début. Dans chacun des plans, Keaton esquisse un mouvement qu'il achève dans le suivant. Chaque geste exige deux décors. Une frange margi-nale nous montre bien qu'il s'agit d'un écran, que nous avons affaire à une illusion.

Or, un léger travelling avant ramène aux mêmes dimensions l'écran de *Cœurs et perles,* le film dans le film, et *Sherlock junior,* le film. Nous sommes entrés dans le monde du rêve par l'intermédiaire de l'illusion. Dès lors, les aventures acrobatiques de Sherlock pourront se poursuivre avec l'apparence d'une réalité qui permet toutes les extravagances crédibles du rêve.

Plus tard, du côté d'Alain Robbe-Grillet, Catherine Jourdan, la Violette de *l'Eden et après* réussira aussi le voyage vers l'au-delà des points lumineux.

Mais Michel-Ange, l'un des deux carabiniers de Jean-Luc Godard, a beau faire, lui, il ne passera pas, ce qui nous donne une autre définition visuelle du cinéma, tout aussi géniale.

Michel-Ange pénètre dans la petite salle du « Mexico ». Il a le regard neuf de l'inculte. Qu'est-ce que le cinéma ? Une salle obscure où l'on devine, parfois tactilement, la présence d'autres spectateurs. Un faisceau lumineux sort d'une petite fenêtre, là où l'on cache le bruyant appareil de projection. Le cinéma est une sorte de temple des illusions, qui nous renvoie à la fameuse caverne platonicienne avec ses spectacles d'ombres. Mais il est tout aussi malaisé d'entrer dans la caverne que d'en sortir pour contempler la vérité et la vie. Michel-Ange, complètement ahuri par ce dépaysement factice, tâtonne pour trouver une place. Pour lui, le spectacle est commencé avant de regarder vers l'écran. Or sur l'écran, un train arrive en gare. L'image de la locomotive grandit sur l'écran fixe, la surface mouvante devient mouvement. Le bruit d'un sifflet de train met immédiatement en branle les souvenirs ferroviaires. Michel-Ange, visiblement aussi peu rassuré que les privilégiés du 28 décembre 1895, se recroqueville dans son fauteuil et croise les avant-bras sur son visage...

Le spectacle continue. Le repas de bébé, revu et corrigé par un cinéaste tout à la fois admiratif et iconoclaste. Le père, dans une amusante prémonition des nombreux personnages lecteurs des films à venir, entraîne le bébé sur les chemins de l'imaginaire : « Sur l'immense plateau désertique, à la recherche des mystérieux visiteurs... Mais dites-moi, superboy, quel intérêt portez-vous à ces hommes ? » Michel-Ange, en insert, boit les paroles. « Comme vous, sire, je pense qu'il s'agit d'êtres venus d'ailleurs. » Et puis, la cassure, que Michel-Ange reçoit comme une douche glacée : « Alors, tu la manges, ta tarte, oui ?
— Non.
— Espèce de putain d'enfant de...».
La tarte à la crème terminera son destin sur la gueule du bébé. Merci Mack Sennett. Michel-Ange fait connaissance avec le cinéma comique.

Et maintenant le gros morceau :

Rome Paris Rome
présente
Le bain de la femme du monde
Une coproduction
Cocinor Marceau

Une salle de bains. Une jolie blonde entre et ôte son manteau de fourrure.

Un brutal parfum d'érotisme flotte autour de notre brave carabinier. En jupon et soutien-gorge, la femme du monde se dirige vers la gauche de l'écran et sort du cadre.

Alors commence la fascination absolue que la durée du plan, les effets de hors champ et le suspense vestimentaire renforcent à chaque seconde. Michel-Ange essaye de suivre le personnage en se déplaçant dans la salle, en regardant en biais et en se levant sur son siège pour dominer la surface de l'eau de la baignoire.

Il se dirige ensuite vers l'écran, monte sur la scène, se plaque contre la surface bombardée de photons, et il sautille sur place pour mieux apercevoir l'intérieur de la baignoire. Il ne peut s'empêcher de caresser l'image, et

dans son désir de pénétrer dans la baignoire il décroche l'écran... La projection continue sur le mur de briques. L'illusion est cassée pour l'ahuri qui ne comprend décidément pas.

Depuis Lumière, le cinéma c'est cela : capter et reconstruire la réalité, ou du moins parvenir à une illusion de réalité qui captive le regard pour mieux oublier la réalité quotidienne.

On voit donc beaucoup de cinéastes dans l'œuvre de Jean-Luc Godard, et beaucoup d'instruments de cinéma. La caméra sur grue magnifie le mariage tragique du rouge et du noir dans *One + One*. Camille et Arnaud, les deux enfants de *France, tour détour...*, manipulent une caméra et des appareils de prise de son dans le leitmotiv qui sert de générique. *Dans 6 × 2, sur*

ou sous la communication, Marcel, cinéaste amateur, explique longuement, en durée réelle, « comment il travaille à ses désirs ». *Le grand escroc* répond aux questions de Patricia qui le filme avec une caméra légère. Cela nous vaut d'ailleurs un très beau moment de dialogue : « Pourquoi vous me filmez comme ça ? demande l'escroc.

— Je ne sais pas... parce que je cherche quelque chose de la vérité.

— Pour le montrer aux gens, réplique l'escroc, donc vous me volez quelque chose... et vous aussi vous le donnez aux autres. »

On voit également, et surtout des cinéastes professionnels. Yves Montand interprète un réalisateur de films publicitaires dans *Tout va bien*. Jac-

Le grand escroc.

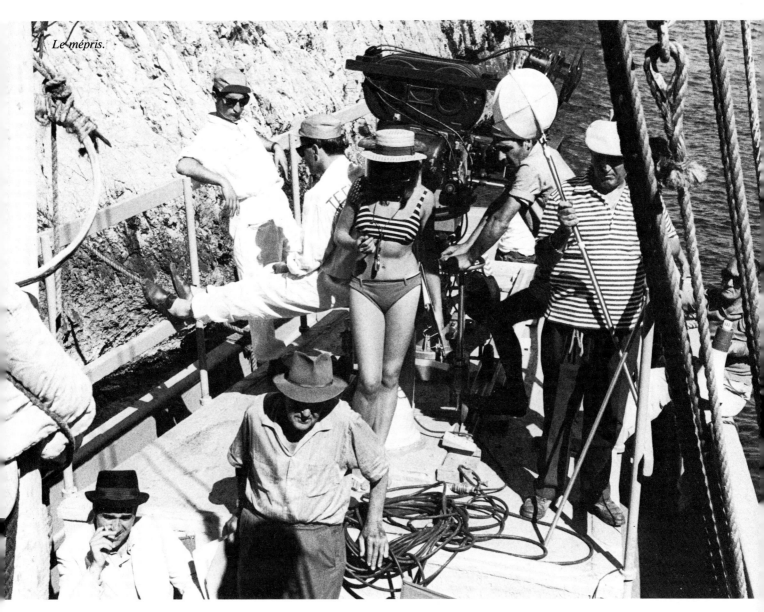

Le mépris.

ques Dutronc, qui s'appelle Paul Godard dans *Sauve qui peut la vie,* est un producteur d'émissions de télévision. L'un des personnages principaux de *Passion* est un cinéaste en quête d'absolu poursuivi par un producteur qui exige une *histoire,* avec des personnages typés et une progression chronologique conforme aux codes de narration. Car Jean-Luc Godard n'oublie jamais l'autre aspect de la création : le carnet de chèques qui sert de support au générique de *Tout va bien* et celui que sort Jack Palance, dans le rôle du producteur tout-puissant du *Mépris,* lorsqu'il entend le mot « Culture ». Jean-Luc Godard invite même le grand Fritz Lang à sortir de sa retraite pour lui faire diriger

fictivement les prises de vues d'une odyssée dont les péripéties de tournage sont autant d'invitations à une réflexion métaphysique sur le cinéma. Jean-Luc Godard se confie le rôle assez effacé de l'assistant du « film dans le film » avant de parler à la première personne dans *Loin du Viêt-nam, Numéro 2, Six fois deux* et dans l'admirable lettre audiovisuelle adressée à Freddy Buache.

Le cinéma est donc mis en représentation. On comprend alors ce désir constant de vouloir montrer la fabrication d'un film comme dans *Le mépris* ou *Passion,* mais aussi de faire participer le spectateur à une mise en œuvre qu'il voit se faire sous ses yeux. Par exemple, le carton d'introduction de

La Chinoise invite d'emblée à une perception particulière.

On voit même le titre en train de se faire, car les lettres en bleu, blanc, rouge (encore une constante chez Jean-Luc Godard) apparaissent une à une.

C'est un film en train de se faire

Il est donc peu étonnant de voir les techniciens sur les lieux mêmes de la fiction. Jean-Pierre Léaud interrompt une de ses envolées pour casser le semblant d'illusion : « Ah oui, vous êtes en train de vous marrer. Vous croyez que je fais le clown parce que je suis en train d'être filmé... »

Et là il indique du doigt la direction de la caméra.

« Ou parce qu'il y a des techniciens autour de moi... »

Contre-champ. Raoul Coutard est derrière l'œilleton de sa grosse caméra, qui maintenant nous regarde, comme elle nous avait regardés à la fin du générique parlé du *Mépris*. Délibérément, Jean-Luc Godard laisse l'ardoise du clap bien en évidence sur le visage d'Anne Wiazemsky pour la prise 3 du plan 122. On entend plus tard la voix du clapman qui annonce : « *Chinoise*, 141, troisième. » Les scories formelles font désormais partie intégrante du récit, tout comme le carton qui annonce le *DERNIER PLAN DU FILM*, et celui qui termine avec la formule *FIN D'UN DÉBUT*. On croirait assister à la genèse d'un des slogans les plus célèbres de Mai 68.

L'intrusion de l'équipe technique réapparaît d'une manière systématique dans *France, tour détour*, ou *Passion* : « Il n'y a pas de lois, dans le cinéma, c'est pour cela que les gens l'aiment encore

— Ce n'est pas vrai, il y a des lois, il faut une histoire, la suivre, c'est la loi, Monsieur Laszlo a raison.

— Est-ce qu'il y a des lois, Monsieur Coutard, dans le cinéma ? »

Et Raoul Coutard répond : « Il n'y a pas de lois... »

Déjà Raoul Coutard avait eu les honneurs de la citation dans *Le petit soldat* : « C'était ce que mon ami Raoul Coutard, le plus brillant des opérateurs français, appelait la loi de l'emmerdement maximum. Chaque fois que j'étais prêt à tirer, un événement imprévu m'en a empêché. »

Il est arrivé aussi que Jean-Luc Godard entre par effraction dans le film, notamment dans *Le grand escroc* lorsque Patricia braque sa caméra vers le spectateur et découvre (en contre-champ) un Jean-Luc Godard en chéchia qui crie : « Moteur. »

Avec le cinéma de Jean-Luc Godard, il appartient donc au spectateur de savoir qu'il est en face d'un produit qui, jusqu'alors, s'ingéniait à faire oublier les modes de fabrication. C'est la mort de la vraisemblance. Qu'est-ce qu'une équipe de cinéma ?

Une complicité entre des créateurs et des techniciens pour construire un mensonge en commun.

Bien sûr, l'une des meilleures démystifications de la fabrication d'un film, se trouve dans *Sauve qui peut la vie*, avec la mise en évidence d'un orchestre, jusque-là invisible, qui souligne de façon pathétique la mort accidentelle de Paul Godard. Pendant tout le film, des personnages s'étonnaient d'entendre une musique venue d'ailleurs. L'utilisation des différents thèmes musicaux, qui contribuent à la richesse de la bande-son, prend alors une signification nouvelle, comme si elle avait été exorcisée du péché de mystification.

Allons au cinéma

Dans cette interrogation sur le cinéma, il faut aussi fréquenter les endroits où se montrent les films. C'est ainsi qu'on voit beaucoup d'écrans dans l'œuvre de Godard. La projection des rushes dans *Le mépris*, les écrans de télévision où l'ici regarde l'ailleurs. Dans une très belle séquence de *Passion*, Hanna Schygulla rechigne à se regarder sur le petit écran qu'elle a devant elle, alors que les gestes qu'elle esquissait devant la caméra rejoignent ceux qu'elle vit avec Jerzy Radziwilowicz à côté d'elle. L'actrice et son image illusoire.

On fréquente aussi, assidûment, les salles obscures. Tout d'abord, une salle de cinéma est très pratique pour semer un policier qui n'a pas vu *A bout de souffle*. Il suffit de faire comme Patricia, la jeune Américaine : acheter un ticket d'entrée au cinéma George V ; descendre dans la salle pendant la projection d'un film en version originale ; s'asseoir un instant ; se rendre aux toilettes (côté *dames*) ; enjamber la fenêtre du rez-de-chaussée et se retrouver dans la rue.

Mais, le cinéma a d'autres usages. Par exemple, Michel et Patricia, tout de suite après l'épisode du George V, vont dans la salle du Napoléon où l'on projette *Westbound*. Contrairement aux habitudes de la salle, le film de Boetticher passe en version postsynchronisée.

Le cinéma est alors prétexte à une

magnifique déclaration d'amour par voix off interposée. Les deux visages sont photographiés de profil, en gros plan, sur fond noir. Une voix off prend le dessus sur une bande-son faite de musique de western et de détonations.

« Méfie toi Jessica,
Au biseau des baisers
Les ans passent trop vite
Évite, évite, évite
Les souvenirs brisés.

C'est la voix de Jean-Luc Godard qui récite le poème d'Aragon et qui magnifie un moment d'amour privilégié.

Puis, le film reprend le dessus pour mieux se mettre au diapason du destin qui marquera bientôt les deux amoureux.

« Vous faites erreur, shérif... Notre histoire est noble et tragique comme le masque d'un tyran... Aucun détail indifférent ne rend notre amour pathétique... »

Le film projeté sur l'écran d'un cinéma ultramoderne d'Orly concerne aussi le personnage de Charlotte (*Une femme mariée*). Ici, la salle de cinéma sert de lieu de rendez-vous puisque Charlotte vient y retrouver son amant. Les photos de hall annoncent *Spellbound* d'Alfred Hitchcock. Elle arrive pendant le film de complément. Pour les cinéphiles, la bande-son ne présente aucune difficulté d'identification : « Même un paysage tranquille, même une prairie avec des vols de corbeaux, des moissons et des feux d'herbes... » On voit quelques images de *Nuit et brouillard*. On mesure alors toute l'importance du choix de cet extrait de film, car le mari de Charlotte vient de se définir comme un être de la mémoire dans un long monologue, avec une histoire d'anciens déportés, racontée par Roberto Rossellini pour illustrer ce qu'est une « fausse mémoire ». Charlotte, elle, s'était définie comme un être du présent, rejoignant ainsi cette galerie de personnages chers à Jean-Luc Godard. Ceux qui vivent intensément leur moment présent.

Dans *Masculin féminin*, Jean-Pierre Léaud et ses copines vont aussi au cinéma. On projette un film érotique à résonance scandinave, comme on en

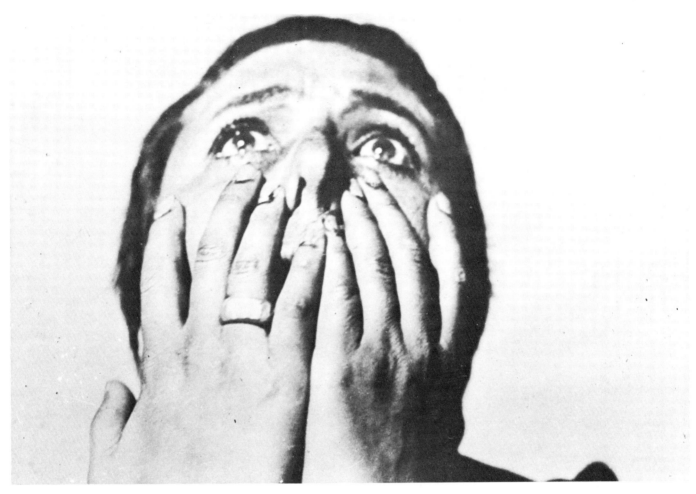

voyait en 1964 au Midi-Minuit. Visiblement, le film n'est pas fameux. Un couple se dispute, comme dans les premiers films de Bergman, et se jette à la face des onomatopées qui ne nécessitent aucune traduction. Le côté érotique n'inspire guère les jeunes gens. Nous sommes loin du joyeux écran masturbatoire fellinien de *La cité des femmes,* où des garnements appliqués rythment avec allégresse le film évocateur. Ici, c'est l'ennui morne. Marlène Jobert est la première à vouloir sortir, Jean-Pierre Léaud donne le signal de départ, mais quelque chose les retient, comme s'ils voulaient connaître un peu de la suite de l'histoire. Toujours cette fascination de l'image.

Ferdinand, dans *Pierrot le fou,* s'ennuie ferme pendant la projection des actualités mensongères. La guerre du Viêt-nam. Il sort un livre de sa poche et lit. L'histoire de l'art d'Élie Faure. Toutefois, une autocitation, quelques plans du *Grand escroc,* réussissent à capter son regard.

Mais je garde pour la fin du chapitre l'une des plus belles séquences de fascination qu'il nous ait été donné de voir à l'écran. Dans le troisième tableau de *Vivre sa vie,* Nana assiste à la projection de *La passion de Jeanne d'Arc* de Dreyer. Falconetti s'entend dire qu'elle doit se préparer à la mort. Nana pleure, en communion totale avec les images sublimes de Dreyer. Le silence de l'écran et l'extraordinaire expression de visage de Falconetti sont en correspondance avec le regard captivé de celle qui dira tout à l'heure au philosophe du langage, Brice Parain : « Mais pourquoi est-ce qu'il faut toujours parler ? Moi, je trouve que très souvent on devrait se taire, vivre en silence. Plus on parle, plus les mots ne veulent rien dire... » En même temps, Nana ressent intensément, comme une prémonition instinctive, ce que sera bientôt son destin. *La mort,* comme le répète le sous-titre qui termine la séquence. Une rencontre absolue entre le regard et l'écran.

Falconetti dans *La passion de Jeanne d'Arc,* **de Dreyer.**

Camille et *Le mépris.*

Le ciel bleu du Mépris

« Le cinéma, disait André Bazin, substitue à notre regard un monde qui s'accorde à nos désirs.

Le mépris est l'histoire de ce monde. »

Pour accéder à ce monde, la caméra se tourne vers nous, à la fin d'un générique qui, une fois de plus, chez Jean-Luc Godard, procède par énumération :
« C'est d'après un roman d'Alberto Moravia,
il y a Brigitte Bardot et Michel Piccoli,
il y a aussi Jack Palance et Giorgia Moll,
et Fritz Lang.
Les prises de vues sont de Raoul Coutard... », etc.

Ici, le cinéma sera omniprésent, comme divinisé, avec son grand prophète Fritz Lang, symbole de la lucidité créatrice. La caméra s'avance en travelling avant.

Raoul Coutard panoramique en même temps et le cadre vient se placer aux dimensions du rectangle de l'écran.

La projection commence.

L'histoire est simple : pendant le tournage d'un film sur l'*Odyssée* d'Homère, que réalise Fritz Lang, une jeune femme cesse d'aimer son mari. Grâce à ce merveilleux outil de psychologie du comportement qu'est le cinéma, Jean-Luc Godard montre, sans les juger, des êtres qui s'éloignent les uns des autres, dans un climat de tragédie antique, au sein d'un mépris qui affecte et lie les cinq personnages principaux du film.

« *Le mépris*, dit Jean-Luc Godard, c'est l'histoire d'un malentendu entre un homme et une femme. Je crois que le malentendu est un phénomène moderne. Il faut essayer de le contrôler ou de le fuir pour qu'il ne finisse pas en tragédie.

« Il est des moments de la vie où l'on ne peut pas revenir en arrière, et où quelque chose, définitivement, se casse, qui n'est ni de la faute de l'un, ni de la faute de l'autre, chacun en éprouvant souffrance, amertume et regret.

« Cette cassure, j'ai essayé de la rendre plus tangible en réduisant la durée du film en deux jours alors que le roman se passe en six mois. La phrase : '' Elle me regardait d'un air tendre, '' tient très peu de place en littérature, mais pour lui donner sa véritable valeur au cinéma, il faut cinq minutes, c'est-à-dire un regard fugitif dans un temps très long. Avant de faire le film, je me suis aperçu que j'avais des dégoûts et des haines, mais que j'ignorais le mépris, ce sentiment fuyant, difficile, cette sorte de microbe. Maintenant, je ne sais pas si on voit ou non le mépris. Peut-être a-t-on seulement capté l'instant pendant lequel son action s'est exercée à partir d'un geste, à partir d'un malentendu. » (Dans une interview pour l'« Express ».)

Ce mépris, nous le voyons envahir chacun des rapports entre les personnages. Il est omniprésent. Le producteur Jeremie Prokosch aime humilier et offenser ses employés ou ses collaborateurs. Son mépris envers l'art de Fritz Lang éclate en colères passionnées et en rires inattendus, comporte-

ment souligné par la brutale individualité et la froide distance que lui confère la barrière des langues.

Fritz Lang méprise la puissance des carnets de chèques et, dans une sage obstination, parvient, à imposer ses vues. Le scénariste Paul Javal, le mari de Camille, lui aussi méprisé par le producteur, se méprise lui-même car il a accepté de se vendre. Chacun est donc isolé des autres par une frange de mépris qui s'exprime par des regards, des rires, des sentences, des silences, des mots saisis à travers une traduction trilingue d'une secrétaire souffre-douleur.

Et, surtout, ce mépris, nous le voyons naître brutalement à la suite d'un incident d'apparence anodine et pourtant essentiel : Paul qui persuade sa femme de monter dans la voiture de Prokosch. Nous le verrons se développer, mûrir et éclater dans une sorte de croissance végétale dont le personnage de Brigitte Bardot, personnage instinctif par excellence, est l'incarnation idéale. Une Brigitte Bardot qui n'a jamais été aussi belle, surtout dans cette admirable séquence d'ouverture où l'amour conjugal s'exprime par un hommage d'un goût parfait à la beauté du corps féminin et à la liberté de propos que permet le bonheur. Comme le remarquait si bien Jean-Louis Bory dans « Arts » : « Cette séquence ne semble pas '' rapportée '', mais essentielle. Elle pose le thème majeur, et elle le pose dans la tradition de la poésie érotique française, celle du blason consacré aux différentes parties du corps féminin. Nous nous trouvons aux antipodes de l'esthétique vadimienne.

1

Godard, c'est la nudité, le pur dessin d'un corps sculptural saisi dans des attitudes qui, si elles sont suggestives, le sont surtout dans la statuaire antique. Dès que le corps est nu, il s'immobilise, il acquiert la nécessité pesante du marbre. Si Bardot, dans *Le mépris,* scandalise, c'est de la même manière qu'une statue de la Renaissance scandalisait les attardés du Moyen Age. »

« Camille est très belle, dit Jean-Luc Godard, elle ressemble un peu à l'Ève du tableau de Piero Della Francesca. Elle est en général grave, sérieuse, effacée même quelquefois, avec des sautes d'humeur enfantines ou naïves. Le cinéma ne saurait se contenter de métaphores, mais le saurait-il que Camille serait représentée par une grande fleur simple, avec des pétales sombres, unis et, au milieu d'eux, un petit pétale clair et vif qui choquerait par son agressivité à l'intérieur d'un ensemble serein et limpide. On se demande tout au long du film à quoi pense Camille et,

lorsqu'elle abandonne son espèce de torpeur passive et agit, cette action est toujours imprévisible et inexplicable. En fait, Camille n'agit que trois ou quatre fois dans le film. Mais contrairement à son mari qui agit toujours à la suite de raisonnements compliqués, Camille agit non psychologiquement si l'on peut dire, par instinct, une sorte d'instinct vital.

« Le drame entre elle et Paul, son mari, vient de ce qu'elle existe sur un plan purement végétal, alors que lui vit sur le plan animal. Elle vit des sentiments pleins et simples et n'imagine pas de pouvoir les analyser. Une fois le mépris pour Paul entré en elle, elle n'en sortira pas, car ce mépris n'est pas un sentiment psychologique, né de la réflexion, c'est un sentiment physique, comme le froid et la chaleur, rien de plus, contre lequel le vent et les marées ne peuvent rien changer. Et voilà pourquoi, en fait, *Le mépris* est une tragédie. »

Oui, *Le mépris* est une tragédie, et une réflexion sur la tragédie. Un sentiment inexorable trouve sa limite dans la mort et, en même temps, il se situe dans un contexte adéquat : Fritz Lang tourne une adaptation de l'" Odyssée ", le monde des dieux et des demi-dieux de l'antiquité est recréé par ce peintre de la fatalité, dont Jean-Luc Godard parlait en ces termes dans une fiche filmographique d'« Image et Son » : « Tous les scénarios de Lang sont construits de la même façon : le hasard force un personnage à sortir de sa coquille d'individualisme et à devenir un héros tragique dans la mesure où " il force la main ", au destin qui lui est brusquement imposé. »

Dans *Le mépris,* Fritz Lang incarne le cinéma qui se refuse à mentir. Il est *le* cinéma. D'une part, il veille à ce qu'aucune intrusion du monde moderne ne vienne falsifier la pureté classique. D'autre part, il regarde sans intervenir les actions de ceux qui

2

1 et 2. L'essentiel en une image, *Le mépris.*

l'entourent. Le cinéma, ce cinéma de Hawks, de Rossellini, d'Hitchcock, de Lumière, de Minnelli, auquel des citations rendent hommage, se hisse au niveau des dieux de l'Olympe. C'est ce cinéma qui subsistera inexorablement, cette sorte de dieu présent et étranger qui continue à vivre et à créer alors qu'une mort dérisoire emporte Camille et Prokosch.

La grande intelligence de Jean-Luc Godard a été de situer chacun des prolongements psychologiques des personnages masculins dans une interprétation personnelle et projective du monde antique. Prokosch voudrait y trouver une Pénélope infidèle. Paul pense que Pénélope méprisait son mari et que celui-ci prolongea son voyage car il n'avait nulle envie de rentrer.

C'est cette spéculation intellectuelle, cette manière de penser la vie par la fiction, qui sert de cadre à la lente déchéance du couple. L'imbrication de tous ces thèmes est d'ailleurs remarquablement traduite par la mise en scène, comme en témoignent ces indications que nous donne Jean-Luc Godard : « La première partie se passe à Rome, la seconde à Capri. Toute cette seconde partie sera dominée du point de vue couleurs par le bleu profond des mers, le rouge de la villa et le jaune du soleil. On retrouvera ainsi une certaine trichromie assez proche de celle de la statuaire antique véritable.

« Dans tout le film, le décor ne doit être utilisé que pour faire sentir la présence d'un autre monde que le monde moderne de Camille, Paul et Jeremie Prokosch. Le style de la photographie sera celui des Actualités si elles étaient filmées en Scope et en couleurs.

« Pas d'éclairages et de réflecteurs extérieurs. En intérieur, juste le nombre de floods indispensables à une bonne visibilité. Peu ou pas de maquillage. Les scènes de l'" Odyssée " proprement dites, c'est-à-dire les scènes que tourne Fritz Lang en tant que personnage, ne seront pas photographiées de la même façon que celles du film lui-même.

« Les couleurs en seront plus éclatantes, plus violentes, plus vives, plus contrastées, plus sévères aussi, quant à leur organisation. Disons qu'elles feront l'effet d'un tableau de Matisse ou Braque au milieu d'une composition de Fragonard ou d'un plan d'Eisenstein dans un film de Rouch. Disons encore que, du point de vue purement photographique, ces scènes seront tournées comme de l'anti-reportage. Les acteurs y seront très maquillés.

« La lumière du monde antique tranchera ainsi par sa pureté, sa netteté, sur celle du monde moderne. Cette dernière lumière, celle du monde

1

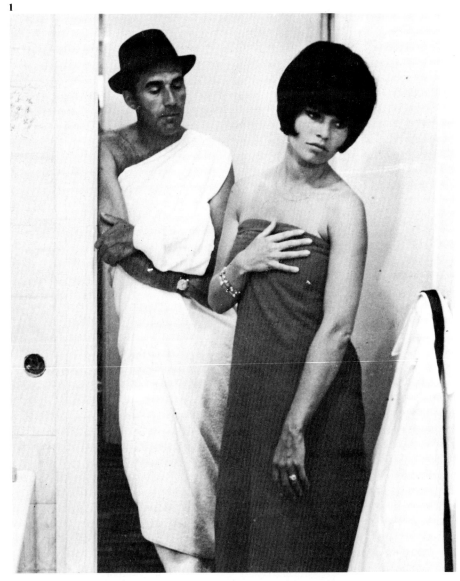

d'aujourd'hui, on vient de le dire, sera plus diffuse, sinon plus terne, plus disparate, plus floue dans ses rapports de tons, en un mot : moins définie.

« Il s'agit de raconter l'histoire à la fois du point de vue de chaque personnage (et surtout de Paul et de Camille) et d'un point de vue extérieur à eux (et c'est ici que le personnage de Fritz Lang prend toute sa valeur). Il s'agit pour la mise en scène, de faire vivre le spectateur uniquement avec l'un des personnages et en même temps de le faire assister au spectacle de leur aventure à tous.

« On obtiendra ainsi, je l'espère, les sentiments personnels des personnages par rapport au monde et aux autres (ce sentiment physique que l'on a de son existence en face d'autrui) et, on

obtiendra en même temps la vérité externe de leurs faits et gestes, de leurs rapports entre eux. En somme, ce qu'il s'agit de faire, c'est de réussir un film d'Antonioni, c'est-à-dire de le tourner comme un film de Hawks et de Hitchcock. »

Le mépris est un film simple sur des choses compliquées et davantage une réflexion qu'un document. Cette fois — et c'est nouveau pour moi — il n'y a pas de personnage principal, mais des groupes, des naufragés du monde moderne qui débarquent sur une île mystérieuse, Capri, où l'eau est bleue, où il y a du soleil et où il faut réinventer tout et le cinéma aussi.

Les perspectives que le spectateur peut prendre sur les personnages sont multiples, aussi riches que les interprétations, parfois contradictoires, que l'on peut avancer en regardant vivre les êtres humains. *Le mépris,* c'est la peinture du déphasage des situations qui crée malentendu et rupture, c'est aussi et tout à la fois, une méditation sur la beauté classique, la lucidité, la liberté, la provocation, la difficulté de communication, la solitude, le besoin de comprendre. Mais, c'est surtout un vibrant hommage au cinéma, présenté pour la première fois de son histoire comme une entité métaphysique. On mesure alors la pertinence de cette remarque de Dominique Païni, dont l'action à la tête du *Studio 43* a beaucoup fait pour la connaissance et la reconnaissance de l'œuvre de Jean-Luc Godard : « La sérénité de Lang continuant le tournage de l'"Odyssée", avec Godard, non dupe de son incapacité à faire revivre les dieux autrement que par de dérisoires représentations, explicite la pensée de Godard : le cinéma est manifestement, pour lui, la seule expérience pour reconstituer, dans cette deuxième moitié du XXᵉ siècle, *le sacré*. La séquence du générique est de ce point de vue *révélatrice* par la cérémonie à laquelle elle nous convie. *Le mépris* est une cérémonie qui célèbre la mort irrémédiable des dieux donnant du sens au monde et qui confère à la machine cinématographique la capacité de conjurer cette mort. » (Dans « Cinéma 81 », n° 275.)

2

La clé de compréhension se situe alors dans le court poème d'Hölderlin que Fritz Lang, après la colère de Palance, lit à Giorgia Moll :

« Furchtlos bleibt aber, so er muss, der Mann
Einsam vor Gott, er schützet die Einfalt ihn,
Und keiner Waffen braucht's und keiner Listen,
So lange, bis Gottes Fehl hilft. »

───────────────

Mais l'homme, quand il le faut, peut demeurer sans peur
Seul devant Dieu. Sa candeur le protège
Et il n'a besoin ni d'armes, ni de ruses
Jusqu'à l'heure où l'absence de Dieu vient à son aide...

───────────────

Fritz Lang précise qu'il s'agit de *La vocation du poète* et que le dernier vers est obscur. Hölderlin avait d'abord écrit :

So lange der Gott nicht fehlet
Tant que Dieu ne fait pas défaut.

Ensuite, il avait remplacé ce vers par

So lange der Gott uns nah bleibt
Tant que Dieu nous demeure proche

Et Fritz Lang fait remarquer qu'il y a une contradiction entre le texte définitif et les deux premières versions. Il commente : « Ce n'est plus la présence, c'est l'absence de Dieu qui rassure l'homme. »

Étrange.

1 et 2. *Le mépris.*

Occuper l'imaginaire

Le mépris est une manière de répondre à cette perplexité. Il faut savoir que pendant trente ans, jusqu'en 1800, Hölderlin avait vécu avec l'idée que le rôle du poète était de recueillir les paroles divines et de les transmettre aux hommes. Le poète était donc, pour lui, un homme de la médiation par la parole. Or, à partir de 1800, Hölderlin fait un voyage en France. Pour un Allemand comme lui, venir en France, c'était s'approcher de la Grèce ; il le dit clairement dans ses lettres. Bien sûr, il s'agit là d'un mythe. Et quand il rentre en Allemagne après un voyage éprouvant, il ressent les premières atteintes de la folie. Il confie qu'il a été frappé par « les traits d'Apollon » ; les braves gens en concluent qu'il est devenu cinglé. Il continue à écrire pendant cinq ans et, en 1805, il devient réellement fou. Il finira sa vie sous une soupente, chez un menuisier qui l'a recueilli.

Il semble que le changement de texte, dans *La vocation du poète,* se soit effectué après le voyage en France. « Jusqu'à l'heure où l'absence de Dieu vient à son aide... »

Le rôle du poète a changé. Et cela il le pressentait : « Tant que Dieu ne fait pas défaut », puis « Tant que Dieu nous demeure proche. » On y trouve une sorte d'angoisse, venue de la peur de perdre Dieu. Il sent bien que dans l'air du temps, à cause de la Révolution française, de l'irruption de Napoléon, il y a comme des signes de l'éloignement des dieux. Les hommes cessent d'être en contact avec le sacré. C'est une révélation terrible pour quelqu'un si solidement investi par la culture grecque.

Les Grecs croyaient en l'osmose parfaite entre le monde des dieux et le monde des hommes. Leurs dieux vivent comme les hommes, ils sont jaloux, amoureux ; ils sont au milieu d'eux comme on le voit dans les rushes que l'on projette au producteur hilare de bonheur devant la nudité des mortelles. Au cours de l'Histoire, il s'est trouvé des périodes où les hommes se sont rapprochés du sacré et d'autres où ils s'en sont éloignés. En 1800, la folie

d'Hölderlin naît à un moment critique de notre histoire et là, il croit que son destin personnel est exemplaire de son destin collectif. C'est en ce sens que le poète est toujours l'annonciateur des grandes mutations, et cela pourrait tout aussi bien concerner l'œuvre de Jean-Luc Godard.

Sachant que les dieux ne sont plus proches, ils font défaut ; et il va falloir faire quelque chose de positif de ce défaut. Le poète aura pour tâche d'accepter cette séparation. Les hommes et les dieux, les hommes et le sacré, les hommes et l'inspiration, les hommes et la poésie, les hommes et le logos, les hommes et la vérité, les hommes et l'idéal sont complètement séparés. Les hommes se détournent de la divinité et lui, Hölderlin, imagine que les dieux se détournent des hommes. Le poète est donc condamné à errer dans ce no man's land en acceptant ces deux mouvements inverses.

Son rôle consiste à garder cet espace pur, à assumer cette double indifférence. Les hommes envers les dieux, les dieux envers les hommes. Alors il prône le retour au pays natal comme dans le dernier plan du *Mépris* où Ulysse, devant l'immensité bleue, se tourne vers Ithaque.

Tel est le grand message d'Hölderlin. Il y ajoute que les hommes, ne pouvant plus orienter leurs désirs vers le ciel, se sont précipités dans les rapports complexes d'intérêts ou de passions.

Hölderlin nous dit alors qu'il faut réintroduire la clarté d'esprit, ce qu'il appelle « le calme », « la sérénité ». Le personnage de Fritz Lang, si judicieusement utilisé par Jean-Luc Godard, correspond parfaitement à cet idéal. Alors qu'Ulysse nous montre le chemin vers la clarté, vers le silence apaisant (le mot silence est d'ailleurs le dernier mot prononcé dans le film), Fritz Lang avertit les hommes de ne pas se lancer dans le pathétique.

Fritz Lang indique le chemin. Il faut occuper l'espace déserté par les dieux. C'est le rôle du cinéma devenu une entité métaphysique. L'écran blanc remplace le ciel vide. Fritz Lang, avec un calme qui contraste avec l'agitation, les mouvements et les déplace-

1 et 2. *Le mépris.*

1

2

ments des autres personnages, pose le problème théorique en termes clairs. Il appartient à Jean-Luc Godard, dans le rôle de l'assistant, de l'exprimer d'une manière pratique : traduire cette grande vision du cinéma en interrogeant sur le cinéma.

Jean-Luc Godard a bien vu que, pour répondre à la déréliction des hommes, le cinéma avait focalisé l'amour, la haine, l'action, la violence, la mort et les avait impressionnés sur pellicule pour en faire une projection (mot devenu synonyme de cinéma). Et de leur côté, les spectateurs projettent aussi leurs désirs en une grande cérémonie de catharsis. C'est ainsi qu'Hollywood et les censeurs ont occupé l'imaginaire, à travers des médias qui ont canalisé les passions.

Avec *Le mépris,* le cinéma est invité à rejoindre son Ithaque. On ne s'étonne donc plus d'entendre le poème de Dante récité par deux personnages selon une coupure qui ne doit rien au hasard.

Fritz Lang, gardien du mythe, en réponse au pragmatisme mesquin du producteur, commence le poème :

O mes frères qui,
à travers cent mille dangers,
Êtes venus aux confins d'Occident,
Ne vous refusez pas à faire connaissance,
En suivant le soleil, du monde inhabité.
Apprenez quelle est votre origine :
Vous qui n'avez pas été faits pour être,
Mais pour connaître la science et la vertu.

Michel Piccoli, l'homme du pathétique, continue :

Déjà la nuit contemplait les étoiles,
Et notre première joie se métamorphose vite en pleurs
Et jusqu'à ce que la mer se fût refermée sur nous.

Occuper l'imaginaire, c'est s'octroyer un pouvoir illimité. Jean-Luc Godard, dans cette nostalgie des origines, est tout à fait conscient de l'actuel pouvoir oppressif des médias.

Ici, en tant qu'artiste, il essaye de les retourner comme un doigt de gant pour en faire quelque chose de positif. Il montre un film en train de se faire, un cinéma qui nous regarde et nous sollicite.

Le petit soldat.

En un mot c'est l'émotion

Appartement des Expresso. Des invités, figés dans le conformisme conditionné de leur langage, échangent des propos qui ne sont pas autre chose qu'un montage de slogans publicitaires.

Parmi ces invités, un homme seul, photographié en plan américain comme il se doit. Il paraît complètement absent. Ferdinand-Pierrot le fou s'approche et amorce un dialogue. « Vous avez l'air seul. »

L'homme demande le secours d'une traductrice. Questions et réponses passeront par le moule de la traduction.

« I'm an american film director. My name is Samuel Fuller. I'm here to make a picture in Paris called *Flowers of Evil.* »

A la traduction : « C'est Samuel Fuller. C'est un Américain. C'est un producteur de cinéma. Il est là pour faire Les fleurs du mal... »

Jean-Luc Godard, comme par effraction, se substitue soudain à Ferdinand-Pierrot et, sans préambule, pose la question essentielle : « Beaudelaire, c'est bien, j'ai voulu toujours savoir ce que c'était exactement le cinéma. »

La réponse vient aussitôt. L'œuvre de Jean-Luc Godard s'enrichit une fois de plus d'une perspective sur l'art cinématographique :

« Un film, c'est comme une bataille. »
L'amour... La haine...
L'action... La violence...
La mort...
Le cinéma, c'est l'ÉMOTION. »

« Ah » répond Ferdinand-Pierrot et il quitte presque aussitôt ce monde des zombies à slogans publicitaires.

L'émotion. Le cinéma serait donc *l'émotion,* une manière de tirer le spectateur hors de lui-même en l'intégrant à une action fabriquée pour le faire rire ou pleurer, pour éveiller des sentiments qu'il a vécus, qu'il aimerait vivre ou qu'il craint de vivre.

L'amour. La haine. L'action. La violence. La mort... La définition de Sam Fuller ressemble à l'impact des énumérations des bandes-annonces. Venez, on vous fera pleurer sur le sort terrestre de l'affreux gnome calotin venu du ciel messianique d'*E.T.* Venez, on vous arrachera des flammes de *La tour infernale* ou on vous fera respirer l'odeur grisante du napalm au petit matin avec *Apocalypse now...*

L'art cinématographique consisterait alors à associer possession et plaisir de cette possession. Prendre plaisir à s'identifier au personnage-séducteur, à vivre une action chronologique en attendant un dénouement qui clôt la participation. Tout le cinéma de Jean-Luc Godard est une remise en question d'une telle conception du cinéma-spectacle. Il faut, certes, conduire le spectateur vers l'émotion, mais refuser

qu'il s'y installe. Rien d'étonnant alors d'entendre les personnages de Jean-Luc Godard revenir constamment à l'éloge de Brecht.

C'est la première phrase prononcée par Marina Vlady dans *Deux ou trois choses que je sais d'elle* : « Oui, parler comme des citations de vérité ? C'est le père Brecht qui disait ça. Que les acteurs doivent citer. » Et Guillaume, dans *La Chinoise,* prouve que Méliès était brechtien : « Méliès, il filmait la visite du roi de Yougoslavie au président Fallières et, maintenant, avec le recul du temps, on s'aperçoit que c'était vraiment ça les actualités de l'époque. Ah, oui. Tu rigoles, mais c'est vrai. Euh, il faisait les actualités, c'était peut-être des actualités reconstituées, mais c'était de véritables actualités, et je vais même plus loin : je dirais que Méliès était brechtien. Ça, faut pas l'oublier, que Méliès était brechtien. »

Bien sûr, on garde en mémoire le plan-manifeste où Guillaume, toujours dans *La Chinoise,* efface petit à petit les noms des écrivains dramaturges et philosophes écrits sur un tableau noir, tandis que Kirilov disserte sur l'histoire de l'art. Il commence à effacer le nom de Sartre, puis tous les autres, à l'exception de Brecht.

Pour la compréhension de cette filiation, il me paraît intéressant de reproduire ce petit tableau qu'on trouve dans les « Remarques sur l'Opéra, Grandeur et décadence de la ville de Mahagonny », publié en 1930 :

Forme dramatique	Forme épique
action	narration
Le spectateur est impliqué dans l'action.	Le spectateur est observateur.
L'action épuise son activité intellectuelle.	La narration éveille son activité intellectuelle.
L'action fait naître l'émotion.	La narration l'oblige à des décisions.
Le spectateur est plongé dans l'action.	Le spectateur est placé devant une narration.
L'action suggère.	La narration argumente.
Les sentiments restent immuables.	Les sentiments sont amenés jusqu'à la prise de conscience.
Le spectateur, englué dans l'action, participe.	Le spectateur, à l'extérieur de la narration, étudie.
La nature de l'homme est supposée connue.	L'homme est objet d'enquête.
Le personnage est immuable.	Le personnage se transforme et transforme.
Le spectateur se passionne pour le dénouement.	Le spectateur s'intéresse au déroulement.
Chaque scène se conçoit en fonction de la suivante.	Chaque scène se suffit à elle-même.
Le déroulement est organique et linéaire.	Le déroulement est discontinu et sinueux.
L'évolution est continue.	La progression se fait par bonds.
L'homme est une donnée fixe.	L'homme est considéré comme processus.
La pensée détermine l'être.	L'être social détermine la pensée.
L'auteur privilégie le sentiment.	L'auteur privilégie la raison.

1

Batailleurs et batailles

Jean-Luc Godard a gardé beaucoup de ces conseils extrêmement précis. Il suffit de l'entendre présenter ses *Carabiniers* :

« Ce film est une fable, un apologue où le réalisme ne sert qu'à venir au secours, qu'à renforcer l'imaginaire.

« Et c'est ainsi que l'action et les événements décrits dans ce film peuvent très bien se situer n'importe où, à gauche, à droite, en face, à la fois un peu partout et nulle part.

« Il y a simplement une maison, ou quelque chose qui ressemble à une maison, à moitié détruite, très simple, isolée de la civilisation, et un village, pas très loin, de l'autre côté de la forêt, ou par-delà les montagnes, au-delà du fleuve.

« De même, les quelques personnages ne sont situés ni psychologiquement, ni moralement, ni encore moins sociologiquement. Tout se passe au niveau de l'animal et encore, cet animal est-il filmé d'un point de vue végétal quand ce n'est minéral, c'est-à-dire brechtien.

« Autrement dit nos pauvres héros, selon l'endroit où le film sera tourné, seront tout aussi bien des Papous d'Indonésie, que des paysans manœuvres de Lozère, des Indiens de Bolivie que des moujiks d'Ukraine, peu importe car ce sont des personnages de théâtre.

« Les carabiniers ne représentent pas davantage un pouvoir ou un gouvernement quelconque. Ils représentent le roi, un point c'est tout ; comme dans les contes de fées (notre film est un conte de faits). Ce n'est donc pas de tel ou tel roi qu'il s'agit, mais simplement de « le Roi » en tant que pure entité. Et quant au costume des carabiniers, pour éviter tout malentendu, il sera composé d'un mélange disparate d'uniformes divers : casquette d'officier tzariste, veste de contrôleur de tramways italiens, bottes de partisans yougoslaves, etc.

« Il y a six personnages principaux. Les deux carabiniers, eux, ne portent pas de nom. Mais les quatre autres portent des noms célèbres de l'histoire de l'humanité. Il s'agit de Vénus (la fille), de Cléopâtre (la mère), de

2

Michel-Ange et d'Ulysse (les deux fils). Ils ont en commun sauvagerie et rapacité à l'état naturel et ils ignorent tout des formes plus subtiles que celles-ci ont prises dans un monde moderne dont ils vivent entièrement séparés. La bêtise ou l'abrutissement, en eux, ne le cède qu'à la méchanceté.

« Bref, tout, décor, personnages, actions, paysages, aventures, dialogues, tout n'est qu'idées et, comme tel, sera filmé le plus simplement du monde, la caméra étant, si j'ose dire, dans son simple appareil, en hommage à Louis Lumière. Car, il ne faut pas oublier que le cinéma doit, au-jourd'hui plus que jamais, garder pour règle de conduite cette pensée de Bertold Brecht : '' Le réalisme, ce n'est pas comment sont les choses vraies, mais comme sont vraiment les choses. '' »

La guerre qui se déroule dans *Les carabiniers* est tout aussi peu située. Les armées d'occupation contemplent la statue de la Liberté et les pyramides d'Égypte. On y parle de la Légion Condor et de guerres subversives où l'on capture des militantes léninistes. Les bandes d'actualité insérées situent à l'échelle mondiale les crimes de guerre des deux soldats. Cette optique

1. **Polianski... mort au champ d'honneur**, *Les carabiniers*.
2. *Les carabiniers*.

1. *Vivre sa vie.*
2. *Alphaville.*

brechtienne revisitée par Jarry, trouve une expression adéquate dans la simplicité d'un style qui s'accommode volontiers du canulard verbal ou visuel, du calembour populaire, du cynisme des textes incorporés, du pastiche rigolard.

En tout cas, sur un ton de saine désinvolture qui le différencie d'un autre film de guerre comme *Pour l'exemple* de Joseph Losey, également d'inspiration brechtienne, *Les carabiniers* est certainement le film qui pourrait servir de modèle pour une réflexion sur « l'effet de distanciation ».

Écoutons Brecht : « Il s'agit là d'une technique permettant de donner aux processus à représenter, qui se produisent entre les hommes, l'allure de faits insolites, de faits qui nécessitent une application, qui ne vont pas de soi, qui ne sont pas tout simplement naturels. Le but de cet effet est de fournir au spectateur la possibilité d'exercer, en se plaçant du point de vue social, une critique féconde. »

A travers l'héritage brechtien, Jean-Luc Godard a parfaitement exprimé son agression contre les codes et les habitudes de perception confortés par les marchands. En ce sens, la première séquence de *Vivre sa vie* fait figure de provocation. Un long dialogue, sur fond de bruits de vaisselle d'une salle de bistrot, est échangé par deux personnages tout à tour cadrés de dos. Le spectateur voudrait mettre un visage sur les voix, pour s'accrocher à l'action et amorcer une possible identification. La frustration se fait jusqu'au malaise. L'ouverture de *Masculin féminin* n'est guère plus attractive. Au cours d'un long monologue, Jean-Pierre Léaud casse le rythme de ses phrases par une diction discontinue, comme pour retarder au maximum l'apport émotionnel qui sert souvent d'accès au film. Plus tard, le même acteur commence à parler du service militaire sur le ton de la conversation spontanée pour continuer en récitation d'un texte. Mais c'est *Tout va bien* qui restera un modèle de cette mutation de style qui utilise à fond les données brechtiennes de distanciation. Le découpage démystifie systématiquement la fiction mise à la disposition de deux grandes vedettes internationales, Jane Fonda et Yves Montand. Le coût du film est présenté par des plans de chèques correspondant aux différents secteurs de production. Les décors de l'usine, à deux niveaux, sont vus en coupe comme on peut le faire au théâtre. Certains mouvements de caméra sont d'une telle insistance qu'ils nous rappellent que nous sommes au cinéma en train de faire face à un discours révolutionnaire. Le style de distanciation n'avait jamais été aussi bien maîtrisé que dans ce film-aboutissement qu'il faudrait absolument redécouvrir.

L'Amour

Mais tout cela ne veut pas dire que le cinéma de Jean-Luc Godard est un cinéma froid, désincarné, figé dans l'abstraction comme c'est malheureusement le cas pour de nombreuses pièces de Brecht desservies par de médiocres mises en scène. Si Jean-Luc Godard s'est permis la performance d'une peinture d'un monde sans sentiments dans *Alphaville* (qui se termine pourtant par le triomphe du « Je t'aime »), il a su nous donner quelques-unes des plus belles séquences d'amour, tout en refusant au spectateur la tentation de l'identification. Chacun garde en mémoire l'énumération des parties du corps de Brigitte Bardot dans *Le mépris,* certainement la plus célèbre des scènes d'amour dans l'œuvre de Jean-Luc Godard, d'autant plus extraordinaire qu'elle n'avait pas été prévue dans le script initial. Mais surtout, Jean-Luc Godard aime placer le spectateur devant le fait accompli pour qu'il n'ait pas le temps de s'installer dans la genèse du sentiment.

Bruno Forestier, *Le petit soldat,* « qui ne couche qu'avec les filles dont il est amoureux », parie cinquante dollars qu'il restera insensible aux charmes d'une jeune Danoise dont il a entendu parler. Dès qu'il l'aperçoit, la voix off ne laisse planer aucun doute : « La première fois que j'ai rencontré Véronica, elle avait l'air de sortir d'une pièce de Jean Giraudoux. »

Belle déclaration d'amour mentale, aussitôt suivie du décisif : « Tiens, voilà cinquante dollars. »

C'est tout aussi direct entre Marianne Renoir et Ferdinand-Pierrot. Alors qu'ils fuient en voiture

l'ennuyeuse réception des Expresso, ils échangent quelques confidences. Quelques fragments de passé qui resteront sans importance. Marianne commente à sa manière un bulletin d'informations sur la guerre du Viêt-nam et, volontairement ou non, elle se trompe de prénom, avec pour toute justification qu'on ne peut pas chanter « Mon ami Fer-di-nand ». C'est tout. Et sur une musique sifflée, accompagnée de guitare, le dialogue amoureux brûle les étapes :

« — Si, il suffit, Marianne.
— Je veux,... je ferai tout ce que tu voudras.
— Moi aussi, Marianne.
— Je mets ma main sur ton genou.
— Moi aussi, Marianne.
— Je t'embrasse partout.
— Moi aussi Marianne. »

Et une voix off qui chante « C'que t'es belle, ma pépé, c'que t'es belle, c'que t'es belle »... fait la liaison avec la séquence suivante où Marianne, magnifiée par un insert d'un tableau d'Auguste Renoir, se recoiffe en peignoir bleu, tandis que Ferdinand se réveille dans un lit aux draps roses.

La chanson a servi de support. Pour exprimer leur amour, les personnages de Jean-Luc Godard ont souvent recours à une médiation venue d'un instrument de diffusion ou de communication. Lorsque Michel et Patricia, dans *A bout de souffle,* disparaissent sous les draps pour de nouvelles aventures, la voix d'un animateur de radio annonce : « Nous interrompons pour quelques instants nos émissions, afin de procéder à la synchronisation de nos réseaux. » Le rapprochement franco-américain se fait dans la joie, à la manière des éléphants qui se cachent quand ils sont heureux. Les ondulations du drap de dessus vont bon train. « Notre émission '' Travaillez en musique '' va commencer. A vous, '' Travaillez en musique ''... »

Le « Et voilà » de Patricia qui éteint le poste met brusquement fin à la scène d'amour. Symbolisme peut-être un peu facile. On peut préférer la très belle séquence où l'amour prend pour média le film de Budd Boetticher, devant l'écran du cinéma Napoléon, dont j'ai parlé plus haut.

Dans *Pierrot le fou,* le sentiment amoureux passe aussi par une chanson improvisée et dansée sur la pinède « Ma ligne de chance... Ta ligne de hanche... » Les hommages à Anna Karina passent par l'audition d'un disque ; Charles Aznavour et « Tu t'laisses aller » dans *Une femme est une femme,* Jean Ferrat et « Ma môme » dans *Vivre sa vie.* Jean-Pierre Léaud improvise une déclaration d'amour débridée devant un micro pour disque-express dans *Masculin féminin.*

Ou alors, on lit ou on récite un texte. On atteint ainsi un sommet d'émotion avec la lecture du « Portrait ovale » d'Edgar Poe, pour laquelle la voix de Jean-Luc Godard s'est substituée à celle de l'acteur de *Vivre sa vie.* Le point culminant de cette extraordinaire scène d'amour se fait avec l'utilisation d'un leitmotiv musical et un recours à l'esthétique du muet parfaitement en situation.

Cette fois, l'émotion vient du formidable impact pris par les sous-titres.
« — Moi, je voudrais aller au Louvre.
— Non, ça m'ennuie de regarder des tableaux.
— Je t'adore.
— Je t'aime... »
Le plan suivant brise net cette bouffée de bonheur. Une cour d'immeuble. Le souteneur pousse brutalement Nana qu'il va vendre à d'autres truands.

Dans *Une femme mariée,* c'est un texte classique qui sert de média. Charlotte et Robert, son amant, vont être séparés. Dans une chambre d'hôtel, à Orly, ils attendent l'heure de l'avion. Pour tromper l'attente ou pour se dérober peut-être à une question embarrassante, Robert (qui est acteur) déclame deux vers de '' Bérénice '' :

« N'accablez point, Madame, un prince malheureux
Il ne faut point, ici, nous attendrir tous deux. »

Le texte est admirablement mis en situation. Charlotte, s'emparant du « Classique Larousse », lui donne la réplique. Elle est ainsi amenée à lire ces vers fameux :

« Pour jamais... Ah Seigneur, songez-vous en vous-même
Combien ce mot cruel est affreux quand on aime.

Dans un mois, dans un an, comment souffrirons-nous,
Seigneur
Que tant de mers me séparent de vous...
Que le jour recommence et que le jour finisse
Sans que jamais Titus puisse voir Bérénice. »

La récitation s'arrête là. Charlotte pleure. Robert veut la consoler : « Allez, c'est fini. » Charlotte murmure : « Oui, oui, c'est fini. »

C'est alors que le mot *fin* apparaît sur l'écran, abrupt, cassant, frustrant. La scène d'amour de *Masculin féminin* me paraît encore plus caractéristique.

Un inhabituel mélange des genres malmène une éventuelle installation dans l'émotion et, en même temps, atteint les plus hauts sommets de cette émotion. Paul s'est glissé dans le lit de Madeleine, près d'elle. De l'autre côté, Élisabeth (Marlène Jobert) ne cache pas sa mauvaise humeur devant cette hospitalité envahissante. La scène commence par une énumération (encore) assez peu racinienne :
« Dis, pousse ton derrière, Madeleine », dit Élisabeth.
— « D'ailleurs on ne dis pas un derrière, on dit jouflu. »
— « On ne dit pas le jouflu, on dit le pétard. »
— « Non, on dit valseur. »
— « Non, les miches. »
— « L'as de pique. »
— « La lune. »
— « Les petits pains. »
— « Et le sexe, comment on dit ? », demande Madeleine.
— « On dit, le service trois pièces », répond Paul.
Mais la gaudriole fait brutalement place à un gros plan des deux visages de Paul et de Madeleine, de profil. Long silence. Paul murmure : « J'peux mettre ma main là ? »
— « Oui. »
L'agression vient encore d'Élisabeth qui casse ce moment d'émotion : « Foutez-moi la paix, au moins. »
Silence.
« Je me suis toujours demandé... » dit Paul.
— « Doucement, Paul », répond Madeleine.
Et là, la caméra cadre Chantal Goya

1

1. L'amour…
2. … et l'absurde *Pierrot le fou*.

2

en gros plan de visage, alors qu'elle récite un texte qui transfigure le geste dans une admirable poésie :

« Mon amour,
Au cœur de l'homme,
Solitude,
Ton visage est renversé
Sur mon front de femme toute nue,
Mon amour est dans la mer,
Dans les songes,
Et nous voici contre la mort. »

La mort

La mort est aussi un grand thème des films de Jean-Luc Godard. Elle hante la vision du monde de Michel Poiccard dans *A bout de souffle*, comme le déclare d'ailleurs Jean-Luc Godard : « Depuis longtemps le garçon est obsédé par la mort. Il a des pressentiments. Pour cette raison, j'ai tourné cette scène de l'accident où il voit mourir un type dans la rue. J'ai cité cette phrase de Lénine '' Nous sommes tous des morts en permission '' et j'ai choisi le concerto de clarinette que Mozart écrivit peu de temps avant sa mort. »

C'est encore plus net dans *Pierrot le fou* où les mots, les images, les allusions, les poètes au nom de revolver (Browning), renvoient à cette omniprésence de l'idée de mort.

Mais là encore, on ne laisse jamais

l'émotion s'installer. La mort de Camille dans *Le mépris* est évoquée par la lecture d'une lettre dont on voit quelques mots en gros plan. Sur la signature, Camille, on entend le bruit de l'accident de voiture. Le plan suivant aura la froideur du constat. Le mot *fin* tombe comme un couperet sur l'émotion du spectateur après l'exécution sommaire de Nana dans *Vivre sa vie*. Ulysse et Michel-Ange disparaissent tout aussi brièvement dans *Les carabiniers*, mitraillés de l'extérieur d'un réduit où ils sont entrés. Deux suicides jalonnent *Masculin féminin* : un homme qui se poignarde et un autre qui demande une boîte d'allumettes sur le ton de la comédie pour finir en torche vivante en criant « Paix au Viêt-nam » (ce suicide n'est pas vu, mais raconté). On ne s'attarde pas davantage sur le suicide qui se produit au beau milieu de *La Chinoise*. Quant à celui de *Pierrot le fou*, il restera une séquence d'anthologie par sa manière de mêler le pathétique et le dérisoire. L'immense désespoir et la rencontre du poète de l'absurde, Raymond Devos. Le visage barbouillé de peinture bleue et le chapelet d'explosifs jaune et rouge. La main qui cherche à éteindre la mèche au dernier instant.

Le spectacle de la mort est sans cesse remis en cause par une représentation insolite. Arthur, dans *Bande à part*,

mime la mort selon les clichés traditionnels avant de mourir plus tard d'une manière aussi absurde que certains autres personnages des films de Jean-Luc Godard. Les exécutions dans *Alphaville* se font dans une piscine où de jeunes et jolies baigneuses achèvent les condamnés avec un poignard (trouvaille d'ailleurs annoncée dans *Le nouveau monde* avec Alexandra Stewart qui sort de sa salle de bains, un poignard dans la ceinture du slip). Les violons de la rue, mis en évidence dans *Sauve qui peut la vie,* démystifient le pathétique des dénouements tragiques.

Par ailleurs, la mort devient une abstraction dans les visions de guerre des *Carabiniers,* dans les cadavres qui jalonnent *Pierrot le fou* ou *Made in USA,* et surtout ceux de *Week-end.* C'est la voix off qui nous apprend la mort de Véronica Dreyer dans une des toutes dernières phrases du *Petit soldat* : « C'est après avoir tué Palidova que j'ai appris la mort de Véronica. »

En guise d'épitaphe, elle a droit à ces derniers mots : « Il ne me restait plus qu'une seule chose : apprendre à ne pas être amer. Mais j'étais content, car il me restait beaucoup de temps devant moi. » Dans *Masculin féminin,* la mort soudaine de Paul est évoquée sous forme d'interrogatoire au commissariat de police. Suicide ? Accident ? La mort de Paul passe d'ailleurs au second plan lorsque le policier interroge Madeleine : « Votre camarade m'a dit que vous étiez enceinte. Qu'allez-vous faire ? » La caméra cadre en gros plan le visage de Chantal Goya qui touche une mèche de cheveux et qui ne parvient pas à fixer son regard. « J'sais pas... J'hésite... J'sais pas, Élisabeth m'a parlé de tringle de rideau... J'hésite... J'hésite. » Le visage de Chantal Goya, à qui Jean-Luc Godard a su donner du génie, et le silence qui sépare chacun de ces lambeaux de phrases, font naître une émotion rare.

C'est alors que le mot *FÉMININ* apparaît sur l'écran. Un crépitement. Le mot ne conserve que trois lettres.

F   IN

La perversion masculine de la violence est un facteur fondamental de la dégradation des femmes.

(Numéro 2)

Tu sais, on parle toujours de la violence du fleuve qui déborde sur les rivages, mais on ne parle jamais de la violence des rivages qui enserrent le fleuve.
— Qu'est-ce que ça fait ?
— Eh bien ! Ça me fait admettre la violence.

(Numéro 2)

1. *Le mépris.*
2. *Rogopag,* **le nouveau monde.**

Made in U.S.A.

Charnière, mutation, prémonition

« — Véronique : *Tu trouves pas qu'il faut tout reprendre à zéro ?*
— Francis Jeanson : *Oui, mais comment ?*
— *Ben, d'abord fermer les universités, comme en Chine.*
— ...
— *Mais comment ?*
— *Avec des bombes...* »

(La Chinoise)

« *Mon Dieu, pourquoi m'avez-vous abandonnée ?*
— *Parce que je n'existe pas...* »

(La Chinoise)

On sait que les traités d'esthétique servent, la plupart du temps, à ériger en codes des manières de faire qui se sont répétées jusque-là. On sait aussi que, selon la plaisante formule de François Truffaut : « Le critique arrive au cinéma, l'œil indisponible, la vue obstruée par des préjugés insensés. Il reprochera volontiers au film de ne pas être conforme à ce qu'il attendait au lieu de se réjouir qu'il soit conforme à ce que semble avoir voulu le réalisateur. »

Alors, à quoi servent les films de Jean-Luc Godard ? La réponse nous est donnée dans la dernière phrase de *Deux ou trois choses que je sais d'elle* : « J'ai tout oublié, sauf que, puisqu'on me ramène à zéro, c'est de là qu'il faudra repartir. »

C'est ainsi que *Made in USA*, éclatant film-charnière, venu tout de suite après le coup de mutation de *Masculin féminin,* fut souvent rejeté au nom du discours des codes qui exigeait la cohérence, l'ordre, la compréhension logi-

que et la clarté cartésienne. Or, on se trouvait devant quelque chose sans cohérence de récit, sans évolution dramatique et sans procédés fournisseurs d'émotion. Plus encore, *Made in USA* réhabilitait l'incohérence en en faisant un outil de connaissance et de combat. Ce film tourné en 1966 et sorti en 1967 montrait la petite ville française d'Atlantic City telle qu'elle est en 1969, c'est-à-dire solidement ancrée en 1966 avec l'affaire Ben Barka et un régime politique qui accepte volontiers d'incorporer les truands à ses polices parallèles tandis que Georges Pompidou pratique l'ironie politique entre deux pages de son « Anthologie de la poésie française ».

« Comme je venais de revoir *Le grand sommeil* avec Humphrey Bogart, déclare Jean-Luc Godard en guise de réponse à Sylvain Regard du Nouvel Observateur, j'ai eu l'idée d'un rôle à la Humphrey Bogart qui serait interprété par une femme, en l'occurrence Anna Karina. J'ai voulu aussi que le film se passe en France et non aux États-Unis et j'en ai relié le thème à un épisode marginal et lointain de l'affaire Ben Barka. J'ai imaginé que Figon n'était pas mort, qu'il s'était réfugié en province, qu'il avait écrit à sa petite amie de venir le rejoindre. Celle-ci le rejoint à l'adresse prévue et, quand elle arrive, elle le trouve vraiment mort. J'ai situé mon film en 1969, deux ans après les élections législatives de mars dernier. Au lieu de s'appeler Figon, mon personnage s'appelle Politzer. On ne sait pas pourquoi il est mort et son amie va essayer de découvrir tout le passé de Politzer.

Entre autres choses, elle découvre qu'il a été rédacteur en chef d'un grand hebdomadaire parisien qui s'est beaucoup agité autour de l'affaire Ben Barka. Elle-même, c'est-à-dire Anna Karina, a été reporter dans cet hebdomadaire. Par amour, elle est conduite à jouer les détectives. Puis elle est prise dans un réseau de policiers et de truands et elle finit par vouloir écrire un article sur l'affaire. Le film se termine par une discussion avec un journaliste — Philippe Labro — dans une voiture d'Europe n° 1. »

En jetant par-dessus bord tous les attributs du film-spectacle, la caméra de Jean-Luc Godard porte un regard atrocement lucide sur une France malade de gaullisme. *Made in USA,* qui se présente comme un paquet de séquences dans un chaos de couleurs vives, prend à parti le travailleur de 1967, conditionné, standardisé, climatisé, pompidouisé, jusqu'à la plus totale des démissions collectives. *Made in USA* lui dit qu'il est, en quelque sorte, le complice passif des violences officielles ou occultes de l'année 1966. *Made in USA* lui dit que les technocrates du gaullisme l'ont logé dans des grands ensembles où il vit tranquille dans le bonheur des troupeaux, pendant qu'on assassine ceux qui luttent encore. Le travailleur de 1967, engourdi par les discours révisionnistes, vit au sein d'un monde absurde où l'on ne sait plus reconnaître un député d'un gangster, un policier d'un truand. Et pour communiquer son propos, Jean-Luc Godard interdit au spectateur le point de vue privilégié et confortable de Sirius, de l'observateur extérieur

1

qui connaîtrait les tenants et aboutissements du destin d'un héros plongé dans l'inextricable. Il lui demande de participer et non plus de s'identifier.

Trois leitmotive reviennent dans ce fouillis d'images agressives et de réflexions désabusées : le mot *liberté* criblé de balles, un point d'interrogation et les discours de Waldeck Rochet. Où nous mène-t-on ? Qu'est-ce que la politique ? Du Walt Disney avec du sang... La publicité garrotte les hebdomadaires de gauche, une silhouette de Play-boy remplace les professions de foi et on assassine à l'ombre des drugstores. Dans l'univers absurde vécu par Anna Karina, des noms et des faits surgissent, comme autant de points de repère : Ben Benka, Oswald, les dix-sept témoins supprimés de l'affaire Kennedy, ou l'inoculation du cancer au service de la démocratie...

Voici notre monde, notre cauchemar. Étrange, exaspérant, quotidien.

A son image, le film de Jean-Luc Godard dérange, dépayse, déconcerte, provoque, fatigue, irrite, agace, met mal à l'aise, alors qu'on ne peut que souscrire au discours qu'il nous tient. « Je hais la police » répète inlassablement Anna Karina. Le film y associe sa haine de la publicité aliénante, du fascisme, de la civilisation des tueurs professionnels. Il fait aussi la part des choses entre une « droite idiote à force de méchanceté » et une « gauche trop sentimentale ».

Made in USA a été réalisé en même temps que *Deux ou trois choses que je sais d'elle,* et on a plaisamment parlé de « films jumeaux ». Certes, ils le sont dans le reflet de l'actualité de l'année 1966, dans l'obsession de certains thèmes (la publicité, le langage, la guerre), dans leur refus commun du « cinéma-spectacle ». Mais Jean-Luc Godard a réussi le tour de force de réaliser deux « films jumeaux » qui ne se

ressemblent pas malgré leur indéniable air de famille. Pour *Made in USA,* Jean-Luc Godard déclarait : « Mes films, c'est comme l'écriture automatique. Si, après, on y trouve quelque chose, même contradictoire, et que je n'ai pas eu l'intention d'y mettre, c'est vrai. Voilà tout. Et c'est bien. De toute façon, il est impossible de raconter une histoire jusqu'au bout. » Au contraire, la présentation de *Deux ou trois choses que je sais d'elle* fut précédée d'un document d'une précision exemplaire.

Ma démarche en quatre mouvements

« Comme je l'ai dit, l'histoire de Juliette dans *Deux ou trois choses que je sais d'elle* ne sera pas racontée en continuité, car il s'agit de décrire, en même temps qu'elle, les événements dont elle fait partie. Il s'agit de décrire un '' ensemble ''.

Cet " ensemble " et ses parties (dont Juliette est celle à qui nous avons choisi de nous intéresser en plus en détail, afin de suggérer que les autres parties, elles aussi, existent en profondeur), il faut les décrire, en parler à la fois comme des objets et des sujets. Je veux dire que je ne peux éviter le fait que toutes choses existent à la fois de l'intérieur et de l'extérieur. Ceci, par exemple, pourra être rendu sensible en filmant un immeuble de l'extérieur, puis de l'intérieur, comme si on entrait à l'intérieur d'un cube, d'un objet. De même une personne, son visage est vu en général de l'extérieur.

Mais comment elle-même voit-elle ce qui l'entoure ? Je veux dire : comment ressent-elle physiquement son rapport avec autrui et le monde ? (Malraux disait : " On entend la voix des autres avec les oreilles, et la sienne avec sa gorge. ") Voilà quelque chose que je voudrais faire sentir en permanence dans le film, et qui lui soit immanent.

Si on analyse maintenant ce projet de film, on voit que l'on peut décomposer ma démarche en quatre grands mouvements.

1. Description objective (ou du moins tentative de description, dirait Ponge)

a) description objective des objets : les maisons, les voitures, les cigarettes, les appartements, les magasins, les lits, les TV, les livres, les vêtements, etc. ;

b) description objective des sujets : les personnages, Juliette, l'Américain, Robert, le coiffeur, Marianne, les voyageurs, les automobilistes, l'assistante sociale, le vieux, les enfants, les passants, etc.

2. Description subjective (ou du moins tentative)

a) description subjective des sujets : surtout par le biais des sentiments, c'est-à-dire par les scènes plus ou moins jouées et dialoguées ;

b) description subjective des objets : les décors vus de l'intérieur, où le monde est dehors, derrière les vitres, ou de l'autre côté des murs.

3. Recherche des structures (ou du moins tentative)

C'est-à-dire 1 + 2 = 3. C'est-à-dire que la somme de la description objec-

1. *Made in USA.*
2. *Deux ou trois choses que je sais d'elle.*

1

tive et de la description subjective doit amener à la découverte de certaines formes plus générales, doit permettre de dégager, non pas une vérité globale et générale, mais un certain " sentiment d'ensemble ", quelque chose qui correspond sentimentalement aux lois qu'il faut trouver et appliquer pour vivre en société. (Le drame, justement, c'est que nous découvrons, non pas une société harmonieuse, mais une société trop inclinée vers, et à, la consommation.)

Ce troisième mouvement correspond au mouvement profond du film qui est la tentative de description d'un ensemble (êtres et choses), puisque l'on ne fait pas de différence entre les deux, et que, pour simplifier, on parle aussi bien des êtres en tant que choses que des choses en tant qu'êtres, et nous ne sommes pas injustes vis-à-vis de la conscience, puisque celle-ci se manifeste de par le mouvement cinématographique qui me porte justement vers ces êtres ou ces choses. (Comme dirait Sternberg et ses poissons : je pense, donc le cinéma existe.)

4. La vie

C'est-à-dire 1 + 2 + 3 = 4. C'est-à-dire que d'avoir pu dégager certains phénomènes d'ensemble, tout en continuant à décrire des événements et des sentiments particuliers, ceci nous amènera finalement plus près de la vie qu'au départ. Peut-être, si le film est réussi (et puisse-t-il au moins l'être, sinon tout le temps, mais à certains instants, pendant certaines images, pendant certains bruits), peut-être alors se révélera ce que Merleau-Ponty appelait l'existence singulière d'une personne, en l'occurrence Juliette plus particulièrement.

Il s'agit ensuite de bien mélanger ces mouvements les uns avec les autres.

Finalement, il faudrait que je puisse arriver parfois, quand je fais un gros plan, à donner l'impression que l'on est loin de la personne. Et quand je fais un plan général, un plan d'ensemble parfois, pas toujours, mais parfois, à donner le sentiment que l'on est tout près des gens.

En somme, si j'y réfléchis un peu, un film dans ce genre, c'est un peu comme si je voulais écrire un essai sociologique en forme de roman, et pour le faire je n'ai à ma disposition que des notes de musique.

Est-ce donc cela le cinéma ? Et ai-je raison de vouloir continuer à en faire ? »

Déclaration de Jean-Luc Godard :

« Au départ de mon nouveau film *Deux ou trois choses que je sais d'elle* (à ce propos je vous précise que, elle, ce n'est pas Marina Vlady, mais la ville de Paris), il y a une enquête parue dans " Le Nouvel Observateur ". Or, cette enquête rejoignait l'une de mes idées les plus enracinées. L'idée que, pour vivre dans la société parisienne d'aujourd'hui, on est forcé, à quelque niveau que ce soit, à quelque échelon que ce soit, de se prostituer d'une manière ou d'une autre, ou encore de vivre selon des lois qui rappellent celles de la prostitution. Un ouvrier dans une usine se prostitue les trois quarts du temps à sa manière : il est payé pour faire un travail qu'il n'a pas envie de faire. Un banquier aussi d'ailleurs, tout comme un employé des postes et tout comme un metteur en scène. Dans la société moderne industrielle, la prostitution est l'état normal. Mon film voudrait être une ou deux leçons sur la société industrielle. Je cite beaucoup le livre de Raymond Aron (" Dix-huit leçons sur la société industrielle "). Vous me direz que je me prends au sérieux. C'est vrai. Je pense qu'un metteur en scène a un rôle si considérable qu'il ne peut pas ne pas se prendre au sérieux... »

Silence.
Apprenez en silence deux ou trois choses que je sais d'elle
ELLE, la cruauté du néo-capitalisme
ELLE, la prostitution
ELLE, la région parisienne
ELLE, la salle de bains que n'ont pas 70 % des Français
ELLE, la terrible loi des grands ensembles
ELLE, la physique de l'amour
ELLE, la vie d'aujourd'hui
ELLE, la guerre du Viêt-nam
ELLE, la call-girl moderne
ELLE, la mort de la beauté moderne
ELLE, la circulation des idées
ELLE, la gestapo des structures
Deux ou trois choses que je sais d'elle, un film français de J.-L. Godard.
Bientôt sur cet écran.

Un regard d'ethnologue

Dans *Deux ou trois choses que je sais d'elle,* Jean-Luc Godard filme donc un « Ensemble ». *ensemble,* c'est à la fois un mot et une réalité. On habite dans les grands *ensembles.* On parle *ensemble.* On tourne en plan d'*ensemble.* Sur ces données, le cinéma devient une approche de la signification d'un mot, et l'exploration de la réalité qu'elle désigne. C'est dire que nous sommes à mi-chemin entre la linguistique et l'étude du fait social. La progression linéaire disparaît au profit de la saisie globale. Chaque plan ne prend sa valeur que par rapport au tout auquel il est intégré et ce n'est pas un hasard si Jean-Luc Godard met en évidence en insert la couverture du livre de Wolfgang Köhler.

Psychologie
de la forme

La caméra passe donc d'un pôle d'intérêt à un autre sans se soucier d'un quelconque ordre chronologique.

2

1. **Habiter un ensemble,** *Deux ou trois choses que je sais d'elle.*

2. **Choisir un ensemble,** *Deux ou trois choses que je sais d'elle.* **Photo de tournage.**

Ce qui importe, c'est une logique de construction par laquelle chaque plan fait partie d'un tout qui l'exprime et qui lui apporte une signification précise par rapport aux autres. Par ce procédé, la réalité éclate en mille facettes, à la manière du collage conçu pour l'affiche du film. Johnson et la civilisation du napalm. Paul Delouvrier et la grande mutation urbaine. Les bombardements sur Haiphong. Les deux Viêt-nam. Les stations-service. Les fins de mois difficiles. Les deux infinis dans une tasse de café. Les préoccupations des gens de la rue. Le confort à crédit. Le prix d'un cadavre viêt-cong estimé égal au prix que demanderaient 20 000 filles qui se prostitueraient. Un très gros plan d'un porte-clés érotique permet même une fulgurante condensation : « Dans cette image se rejoignent trois civilisations : la civilisation des loisirs, la civilisation des porte-clés et la civilisation du cul. Et si, par hasard, vous n'avez pas de quoi acheter du LSD, achetez la télévision en couleurs. »

Dans cette manière de concevoir le film, les personnages font partie du fait social. En aucun cas, le cinéaste ne doit favoriser leur psychologie individuelle. D'ailleurs, on l'a vu, le commentaire prend bien soin de dissocier l'actrice Marina Vlady et le personnage Juliette Janson, mère de famille qui se prostitue pour arrondir les fins de mois. En donnant priorité au personnage, on aurait pu écrire un scénario à plus ou moins forte puissance émotionnelle. Rien de tout cela dans *Deux ou trois choses que je sais d'elle,* les personnages sont au service de l'ethnologue qui observe une grande mutation.

Les consciences (c'est le mot qu'il faut substituer à celui de personnage) surgissent pour mieux exprimer les préoccupations essentielles de Jean-Luc Godard en prise directe avec notre société industrielle. Il reprend ses thèmes privilégiés, la prostitution, l'aliénation, le sens des mots, la valeur de l'image, la communication, la publicité, dans un contexte formel différent. Il arrive même que les dialogues débouchent sur l'ésotérisme de l'interrogation philosophique, c'est ainsi que

Juliette retrouve les expressions que Spinoza utilisait dans l'" Éthique " pour condamner les fausses vertus mêlées de tristesse comme l'humilité, la honte et la mésestime de soi. Jean-Luc Godard nous montre que son film et le décor qui a servi à ses prises de vues, forment un ensemble qui englobe aussi bien ceux qui ont fait le film que ceux qui assistent à sa projection. Les grues, les journaux, les excavatrices, les façades géométriques des immeubles, les affiches, le fonctionnaire de l'EDF qui vient relever le compteur dans la salle de bains occupée, les petites scènes de prostitution avec un sac de la PAN AM ou de la TWA sur la tête. Encore une fois, le film n'est pas fait pour plaire, mais pour concerner.

Il faut que l'œil écoute avant de regarder
(Le Gai savoir)

C'est un regard d'ethnologue, assez identique à celui de *Deux ou trois choses que je sais d'elle,* que Jean-Luc Godard voulait poser sur un petit groupe de jeunes pro-chinois rencontrés à Nanterre. Finalement, le film était conçu comme une actualité reconstituée, pour ne pas dire comme un documentaire. Jean-Luc Godard connaissait assez peu ces jeunes

« Robinsons du marxisme-léninisme ». On lui en a d'ailleurs fait grief et, à l'époque, beaucoup lui reprochèrent un manque d'assise réaliste. En fait, il a filmé des petits-bourgeois qui jouaient à la révolution culturelle en chambre. Le portrait est assez juste. Ils ont l'illusion d'être proches du prolétariat qu'ils rencontrent dans les mêmes bistrots et sur les mêmes quais de gare. Ils se grisent de références et de démolitions verbales, se livrant totalement à des idéologies qui, écrit François Chevassu dans « Image et Son », « séduisent plus par leur exotisme intellectuel que par leurs véritables possibilités d'application (et qui sont adoptées justement parce qu'elles n'impliquent pas une application concrète immédiate) ».

Interrogé au cours d'un débat public au Festival d'Avignon, Jean-Luc Godard précisa comment lui était venue l'idée de faire un film sur ces « Robinsons du marxisme-léninisme » : « Pourquoi j'ai fait un film sur eux ? Simplement parce que je lis les journaux, j'écoute la radio et j'entends les gens parler. La Chine est ce dont on parle le plus. Quant à moi, comme l'éducation est un problème qui m'intéresse et qui me passionne le

2

1 et 2. *La Chinoise.*
3. *Made in USA.*

3

UNE MINORITÉ
À LA LIGNE
RÉVOLUTIONNAIRE
CORRECTE N'EST
PLUS UNE MINORITÉ

La Chinoise.

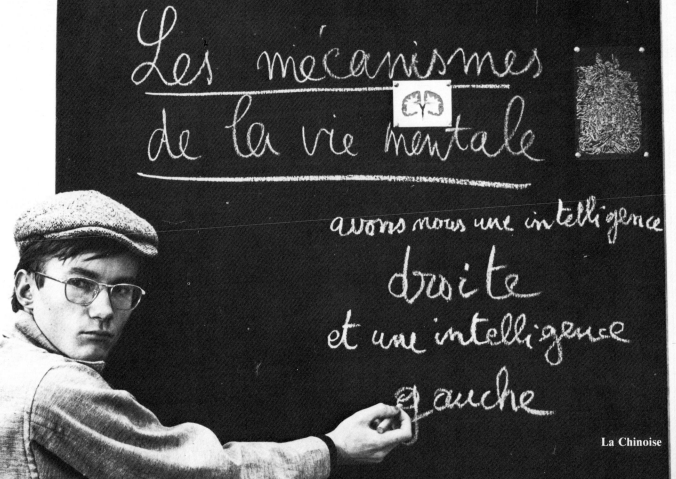

La Chinoise

plus, je ne conçois pas comment on peut parler de ces problèmes sans faire de références à la révolution culturelle chinoise qui est un fait sans aucun précédent historique depuis deux ou trois mille ans. Ils ont essayé à tort ou à raison de changer profondément quelque chose et je ne comprends pas comment quelqu'un qui a envie d'apprendre, d'étudier, ou de comprendre, quel qu'il soit, même s'il n'est pas communiste, peut ne pas en tenir compte. » (1967)

Pour bien accéder au film, il fallait renoncer aux confortables habitudes de la cinéphilie, et, en ce domaine, Jean-Luc Godard prenait tout le monde à l'improviste. Dans *La Chinoise,* il filmait des mots. Il nous mettait en face d'affrontements verbaux, de déclarations d'intentions, de graffiti, d'affirmations abruptes, de lectures édifiantes, de partis pris dogmatiques, d'aphorismes, de paradoxes, de phrases apprises, de slogans politiques et de réflexions sur la théorie et l'engagement (avec cet admirable dialogue dans le train Paris-Nanterre entre Véronique et Francis Jeanson). Pour servir de cadre à cette prise de pouvoir du discours, Jean-Luc Godard avait conçu un décor fait de surfaces de couleurs vives avec des tableaux noirs, pour mieux capter le regard et recevoir des inscriptions. La caméra incitait les murs à prendre la parole. Ceux de Mai 68 s'en sont souvenu. Le film se terminait par cette déclaration de Véronique : « Avec l'été qui finissait, c'était la rentrée des classes, donc la lutte pour moi et plusieurs de mes camarades. Mais d'un autre côté, je m'étais trompée, je croyais avoir fait un grand bond en avant et je m'aperçois, qu'en fait, j'ai seulement fait les timides premiers pas d'une longue marche. »

Et le traditionnel mot *FIN* devenait *FIN D'UN DÉBUT.*

On sait que *La Chinoise* s'est continué dans une surprenante rencontre entre la fiction d'un film et une réalité historique qui avait échappé aux augures. En refusant de prendre au sérieux le comportement ludique de ces quelques originaux jouant aux gardes rouges, on était passé à côté d'un film

immense. Désormais, tous les historiens soucieux de chercher la vérité sur une France aux mains des de Gaulle, Debré, Pompidou, Malraux, Bourges (le censeur de *La religieuse*) et autres Alain Peyrefitte (le tracassin d'*Une femme mariée*), une France, dit-on dans *La Chinoise,* qui « ressemble à des assiettes sales », devront visionner et revisionner ce film. *La Chinoise* fait partie de l'Histoire.

« *Tu sais, on parle toujours de la violence du fleuve qui déborde sur les rivages, mais on ne parle jamais de la violence des rivages qui enserrent le fleuve.*
— *Qu'est-ce que ça fait ?*
— *Eh bien. Ça me fait admettre la violence.* »
(Numéro 2)

Les inscriptions murales nous invitaient à « confronter les idées vagues avec les images claires ». En un tout cohérent composé d'éléments du film en train de se faire, on assistait à un foisonnement d'arguments où l'on parlait de la conscience malheureuse de Hegel, de la presse du cœur communiste, du petit livre rouge, de la censure, de l'engagement politique, du révisionnisme, de Paul Nizan, de Jean-Paul Sartre, d'Aragon, d'Engels, de Marx, de Lénine, de Staline, des cahiers marxistes-léninistes, des guerres impérialistes, de *Johnny Guitare,* d'un Méliès brechtien, de la culture de classe, du malaise universitaire, de la terreur comme pratique révolutionnaire, de la guerre d'Algérie, du Viêt-nam et, bien sûr, de Mao et des thèses pro-chinoises vues avec une sympathie parfois amusée et ironique. On y parlait aussi théâtre, avec cette magnifique définition de Jean-Pierre Léaud dans un monologue digne de l'anthologie :

« Un acteur... c'est difficile à dire... Je vais vous montrer quelque chose, ça vous donnera une idée de ce que c'est que le théâtre.

« Les jeunes étudiants chinois avaient manifesté devant la tombe de Staline, à Moscou et, naturellement, les policiers russes leur avaient foutu sur la gueule et les avaient matraqués.

« Et le lendemain, en signe de protestation, les étudiants chinois s'étaient

réunis à l'ambassade de Chine et avaient convoqué tous les journalistes de la presse occidentale, des gens comme "Life" ou "France-Soir"... »

« Et il y a un jeune Chinois qui est arrivé avec le visage entièrement recouvert de bandages et de pansements. »

Pendant tout ce début du dialogue, Jean-Pierre Léaud s'enveloppe la tête avec une bande médicale.

« Et il s'est mis à gueuler : " Regardez ce qu'ils m'ont fait, regardez ce que j'ai, regardez ce qu'ils m'ont fait ces salauds de révisionnistes. "

« Alors tous ces moustiques de la presse occidentale se sont précipités autour de lui et ont commencé à le mitrailler avec leurs flashes, pendant qu'il était en train d'enlever ses bandages. »

Et là, Jean-Pierre Léaud commence à défaire la bande qui lui cache le visage.

« Et ils s'attendaient à voir un visage complètement lacéré, ou couvert de sang ; ou plein de choses comme ça. Et lui, enlevait ses bandages, comme ça, tout doucement, pendant que les autres photographiaient. Et il les a enlevés et à ce moment-là ils se sont aperçus... qu'il n'avait rien du tout sur le visage. Alors, naturellement les journalistes se sont mis à gueuler : " Mais qu'est-ce que c'est que ces Chinois, ce sont tous des fumistes, ce sont tous des comiques, qu'est-ce que ça veut dire ? " Ils n'avaient rien compris du tout. Non, ils n'avaient pas compris que c'était du théâtre...

« Du vrai théâtre, une réflexion sur la réalité, quelque chose comme Brecht, ou bien Shakespeare. »

Jean-Luc Godard visualise aussi un texte de Planchon paru dans « Les Lettrés Françaises » sur la naissance du théâtre, en plusieurs plans assez ésotériques où l'on voit une jeune femme et une vieille femme qui essayent d'attirer l'attention en frappant sur une porte de verre dans une maison en ruines. Il recourt une fois de plus, après la mise en scène de la guerre du Viêt-nam par Ferdinand dans *Pierrot le fou* (avec quelques allumettes, un peu d'essence et une casquette), au mimodrame symbolique. Ici, Juliet Berto incarne un Viêt-nam agressé par des jouets guerriers et une pompe au napalm.

On se souvient de la belle phrase de Roger Leenhardt dans *Une femme mariée* : « Être un homme de compréhension avant d'être un homme d'affirmation. » C'est la démarche intellectuelle de *La Chinoise* comme elle le sera dans celle des films du groupe Dziga Vertov. Un bouillonnement de réflexions avant le passage à l'action.

Ici, il faut savoir que l'acteur noir Omar Diop, qui intervient au début de *La Chinoise* et qui joue son propre rôle du futur militant du Mouvement du 22 mars à Nanterre, est mort dans les prisons de Léopold Sédar Senghor.

Donnez-nous la télévision, et une auto, et délivrez-nous de la liberté.

(dans Masculin féminin*)*

L'heure du grand massacre

Le passage à l'action, avant les barricades de Mai 68, c'est la grande apocalypse de *Week-end,* suite logique de *La Chinoise* conçue comme une sorte de contradictoire, au sens dialectique du terme. L'idée et le fait. Le huis clos et l'immense nature, le livre et la boucherie, le mot et le couteau de cuisine, l'îlot de Nanterre et les routes du week-end, la couleur décorative et la couleur-obsession, le rouge du petit livre et le rouge du sang de bourgeois ; le temps du mot et le temps de la guérilla.

Week-end, présenté comme un film « perdu dans le cosmos » et « trouvé à la ferraille », est un rêve de destruction sur fond de tuerie dominicale, une agression qui vise les bâtisseurs d'*Alphaville* et les conditionnés de notre civilisation de consommation. La caméra isole un fragment de réalité, détaille l'observation et tue. De qui s'agit-il dans le film ? D'un couple de « cadres », qui s'apparente plutôt au portrait-robot. Et comme l'écrivait si justement Jean-Louis Bory dans « Le Nouvel Observateur » (n° 165), « Mireille Darc et Jean Yanne. Distribution géniale. Je ne sais pas si on l'a imposée à Godard ou non. Et je m'en moque. Le résultat est là. Ils sont admirables, parce que, jusque dans leur physique, ils sont les représentants typiques de notre société puisqu'ils en sont, par métier, les vedettes, donc les idoles (au sens étymologique, images), reine et roi du divertissement bourgeois. »

Lui, c'est Jean Yanne, dont l'égoïsme foncier se pare d'une gouaille suffisante et méprisante. Il est possédé par ce qu'il possède : voiture, confort ménager, jolie femme blonde et espérances de rentrées d'argent. Il se bat pour un cm² de peinture d'une aile de voiture, et, comme pour chacun de ses semblables, le week-end l'arrache à l'aliénation du « Dieu-Argent » et le précipite vers les rites moutonniers du « Dieu-Loisir ».

Elle, c'est Mireille Darc, petite poupée égoïste et méchante, houspillée par un mari phallocrate.

Nous n'en saurons pas plus, la psychologie particulière n'intéresse pas Jean-luc Godard. Il est question non pas d'individus, mais de représentants typiques d'une certaine classe. Dans un monde en pleine mutation, la classe sociale des cadres moyens a pris une importance telle qu'elle a su imposer ses goûts et son mode de vie.

La perversion masculine de la violence est un facteur fondamental de la dégradation des femmes.

(Dans Numéro 2*)*

Le rail historique de *Week-end*.

La présentation est aussi simple qu'efficace. Cette classe, qui sombre dans le confort et l'autosatisfaction, croit trouver une libération dans les pseudo-hardiesses d'un érotisme à la mode, une manière de se croire au-dessus des tabous et de se donner l'illusion d'appartenir à une élite cultivée. En ce sens, le long monologue de Mireille Darc, couvert par une musique envahissante qui détruit l'unité du récit pour n'isoler que quelques bribes suggestives, est une introduction magistrale, en même temps que très inconfortable, car la patience des spectateurs est mise à rude épreuve. La voix monocorde de Mireille Darc chuchotte, sur le ton de la confession, un texte qui ressemble à du Georges Bataille. Récit de partouze à trois, avec détails croustillants et vocabulaire sans fard.

Une fois les présentations faites, Jean-Luc Godard envoie ses bourgeois vers le massacre dominical. Or, le massacre, c'est, pour beaucoup, une abstraction. Chaque lundi, les statisticiens traduisent les hécatombes du week-end en chiffres, rapports et graphiques. Dans notre civilisation de l'indifférence, où paradoxalement l'imagination a été tuée par l'image, les chiffres sont accueillis sur le même registre qu'un score de football ou qu'une prévision météorologique. L'abstraction de la rubrique « faits divers », c'est ce confort de taupe que Jean-Luc Godard se met en demeure d'ébranler. Il suffit de frapper l'imagination, d'exprimer toute l'horreur contenue dans la banalité de phrases comme « 12 000 morts sur la route au cours de l'année 1967 » ou « Week-end meurtrier : 130 morts, 800 blessés. »

Jean-Luc Godard offre deux visions qui correspondent à ces données abstraites.

D'abord, la réalité telle qu'elle est donnée à un seul regard : une longue file de voitures immobilisées dans un tintamarre d'avertisseurs. C'est le célèbre travelling de 300 mètres, dont j'ai déjà parlé. Son relief sonore est parfait. On s'interroge, on plaisante, on joue, on s'impatiente, on resquille, on chante, on s'injurie... Travelling interminable, exaspérant, extraordinaire de

Mireille Darc pendant les loisirs du tournage, *Week-end.*

vérité dans son approche impitoyable de l'hystérie collective et de l'égoïsme.

Puis la réalité en soi. Yanne-Darc quittent la nationale pour foncer sur une départementale. Alors, Jean-Luc Godard montre la réalité des 12 000 morts. Il suffit de rassembler les épaves brûlantes, brûlées, disloquées, ensanglantées, pillées, et de les entasser sur le fameux kilomètre carré de la géographie humaine. Cette fois les chiffres parlent en images. Vision dantesque, apocalyptique. Vision d'épouvante que le spectateur reçoit à bout portant. Avec sa caméra-bistouri et sa pellicule-vitriol, Jean-Luc Godard opère à vif. De très haut, il regarde ses victimes se débattre au milieu d'un déluge de feu et de ferraille. Yanne-Darc deviennent pilleurs de cadavres, tueurs de gêneurs, assassins de belle-mère.

Ensuite, dans le plus pur et le plus libre des délires, Jean-Luc Godard fait apparaître des personnages allégoriques ou symboliques. La peinture d'un monde fou permet les images les plus folles. Après l'épisode de l'Ange exterminateur, une sorte de Mandrake christique, surexcité, faiseur de miracles, voici que Jean Yanne incendie Emily Brontë, en costume d'époque, venue hanter les forêts d'Ile-de-France en récitant des poèmes de Lewis Carroll. Mais Jean Yanne n'a que faire de la poésie. Ce qu'il cherche, c'est la route de Oinville. Oin-ville... Et il brûle la jeune fille du pays des merveilles, avec la consolation de savoir que ce n'est, au fond, qu'un personnage imaginaire. Jean Collet, dans « Télérama » (n° 939) précise : « La poésie renaît sous une forme insolite : cette même jeune fille est à côté d'un pianiste qui joue Mozart dans une cour de ferme. Mozart entre le tracteur et la fosse à purin... image d'un langage déplacé, décollé du réel. Mais où est la place de la poésie ? Mozart est-il mieux à sa place dans les salons du XVIIIe siècle ? Et le théâtre à la Comédie-Française ? »

Un double panoramique de 180° dans la cour de ferme, véritable oasis dans cet océan d'épouvante, décrit l'attention de quelques paysans venus écouter un artiste qui commente l'art de Mozart. Et Jean-Luc Godard joue à fond sur la durée, jusqu'à une hypertrophie soulignée par un nouveau panoramique qui part en sens contraire. Dans la salle, quelques spectateurs risquent de s'impatienter, communiant involontairement avec le bâillement final de Jean Yanne, apparemment insensible à cette manifestation de culture populaire.

Par ailleurs, on a vu Jean-Pierre Léaud se promener en Saint-Just déclamatoire, avant d'accaparer une cabine téléphonique en chantant « Allo, tu m'entends » de Guy Béart.

Alors, que faire de cette classe politique privilégiée, inculte, méprisante et irrécupérable ? Jean-Luc Godard n'y va pas par quatre chemins. Il faut la tuer.

Il faut d'abord se réjouir de son autodestruction par le week-end. C'est ainsi qu'il présente un nouvel aspect de la lutte des classes : une voiture de sport, avec cadavre de fils de famille gisant dans son sang, s'est écrasée contre un tracteur que conduit un paysan hilare. La petite amie, miraculeusement rescapée, couvre le fautif d'insultes grossières. Suprême argument : il avait priorité. Oui priorité à droite. Priorité sur le tracteur, mais aussi sur les pauvres, les laids, les travailleurs. Le jeune accidenté était riche et beau. Il savait baiser. « Vous, vous ne savez pas baiser, hurle la fille en furie, alors c'est le gouvernement qui vous baise. » A méditer.

Il faut aussi humilier la classe privilégiée. Lui faire ramasser des ordures et mendier un sandwich à un prolétaire de couleur. Violer Mireille Darc au hasard des chemins creux. Lancer au visage des ennemis de classe les appels au meurtre les plus explicites, comme les proclamations de Carmichael, leader des extrémistes noirs.

Et puis, c'est la mise à mort. Les personnages de *La Chinoise* ont pris le maquis et se sont donné les allures des guérilleros de Che Guevara. Ils se refusent à faire des omelettes sans casser d'œufs. Les œufs, ils les cassent sur leurs prisonniers, les pique-niqueurs du dimanche qu'ils vont trucider sans ménagement. Le Front de libération nationale de Seine-et-Oise multiplie les embuscades. Cette fois le délire destructeur atteint le paroxysme. La vision de l'horreur est à son apothéose. Le sang gicle de toute part. Pour ceux que n'émeuvent plus les bombardements américains sur Hanoi, voici les gros plans de porcs égorgés, de canards décapités, de lapins écorchés au sang de belle-mère, et aussi une Anglaise qu'on farcit au poisson dans une image d'une hardiesse et d'une folie à couper le souffle.

Le sang, le sang partout. Le massacre des imbéciles. Sans quartier. Au couteau de cuisine et à la mitraillette. Et cela va jusqu'au cannibalisme conjugal. On sortait de là abasourdi, écrasé par tant de talent, d'invention, de lucidité, de cynisme, d'insolence et d'absence de retenue.

Week-end, interdit aux moins de 18 ans, est sorti sur les écrans commerciaux le 29 décembre 1967. Cinq mois plus tard...

Yanne-Darc et Jean-Luc Godard pendant le tournage de *Week-end.*

One + One.

Le cinéma de la lutte des classes

« La bourgeoisie fabrique un monde à son image,

Bon,

Camarades, commençons par détruire cette image. »

(British Sounds)

« Qu'est-ce qu'on entend ?

Qu'est-ce qu'on voit ?

...

Pourquoi ces images ?

Pourquoi ces sons ?

Pourquoi ce rapport sans cesse changeant des images et des sons ? »

(Vent d'Est)

« Voici un cinéma qui se croit libéré. Ici, par exemple, un son qui croit libérer une image.

Un cinéma qui se croit libéré.

Un cinéma drogue, un cinéma sexuel.

Un cinéma qui dit s'être libéré par la poésie.

Un cinéma pour qui rien n'est tabou... Sauf *la lutte des classes.*

Un cinéma de classe : le morpion *Nixon-Paramount,* le morpion de l'impérialisme. »

(Vent d'Est)

« Culture occidentale : arme du révisionnisme moderne. On est en démocratie populaire. Le cinéma Orlik passe *Angélique, marquise des Anges.* Au-dessus du cinéma : l'école Georges Dimitrov. Et que disait Dimitrov ? Il disait : '' L'État démocratique populaire représente le pouvoir des travailleurs, de la grande majorité du peuple sous le rôle dirigeant de la classe ouvrière. ''

« Est-ce que c'est la classe ouvrière qui demande une projection de *Angélique, marquise des Anges* ? Non. Alors ?

« Qu'est-ce que ça veut dire ? »

« Simplement, ici, comme à Hollywood, on fait du cinéma pour le populo. On arrive au peuple, on ne part pas de lui. On critique les défauts du peuple, mais sans partir de la position du peuple. Bref, on fait le même cinéma que les ennemis du peuple. »

(Pravda)

Mai 68. Le cinéma de Jean-Luc Godard deviendra encore autre chose. A ceux qui ironisaient sur son anarchisme de droite en brandissant l'argument du *Petit soldat,* il répond par un engagement total, un désintéressement exemplaire. Il s'était fait un nom prestigieux dans l'histoire du cinéma mondial, il connaissait la technique cinématographique sur le bout des cils, il lui aurait été facile de transformer son métier en confort. Bien d'autres l'ont fait.

Il a le courage d'aller jusqu'au bout de ses convictions politiques et artistiques (qui pour lui ne font qu'un) et continue le combat sur le terrain de la création collective en appliquant la formule mise en évidence dans *Tout va bien* : Un contenu nouveau exige des formes nouvelles.

Un discours révolutionnaire ne saurait s'accommoder des codes bourgeois de la narration. Là encore, la réflexion politique passe par une réflexion sur le cinéma, sur les images, sur les sons ; c'est la préoccupation souveraine de films comme *Le gai savoir, One + One, Un film comme les autres, British Sounds, Vent d'Est, Pravda, Luttes en Italie, Jusqu'à la victoire* (qui deviendra *Ici et ailleurs*), *Vladimir et Rosa...*

Le film renonce à la dictature économique du format 35 mm et au statut du cinéma d'auteur (l'artisan et son chef-d'œuvre). Désormais, le film témoigne, énumère, analyse, met à jour les contradictions, dépasse les contradictoires, et éveille à la prise de conscience. Avec le recul, on s'aperçoit que ces essais, lancés comme autant de petits pavés bariolés dans la grande mare du cinéma-spectacle, ont été déterminants pour les œuvres ultérieures comme *France, tour détour, deux enfants, Sauve qui peut, la vie, Lettre à Freddy Buache* ou *Passion.*

Sous le signe de Dziga Vertov

Jean-Luc Godard raconte à Marcel Martin les circonstances de la constitution du groupe Dziga Vertov (pour Cinéma 70, n° 151). « Après Mai, j'ai rencontré un garçon, militant des JCML, Jean-Pierre Gorin. C'était la rencontre de deux personnes, l'une venant du cinéma normal, l'autre un militant qui avait décidé que faire du cinéma était l'une de ses tâches politiques à la fois pour théoriser Mai et repasser à la pratique, tandis que moi, je voulais me lier à quelqu'un qui ne venait pas du cinéma. Bref, l'un désirant faire du cinéma, l'autre désirant le quitter, c'était essayer de construire une nouvelle unité faite de deux contraires, selon le concept marxiste, et donc essayer de constituer une nouvelle cellule qui ne fasse pas du cinéma politique, mais qui essaye de *faire poli-*

tiquement du cinéma politique, ce qui était assez différent de ce que faisaient les autres cinéastes militants. » Le groupe (Jean-Pierre Gorin, Gérard Martin, Nathalie Billard, Armand Marco, Jean-Luc Godard) a pris le nom de Dziga Vertov : « Non pas, ajoute Jean-Luc Godard, pour appliquer son programme, mais pour le prendre comme porte-drapeau par rapport à Eisenstein qui, à l'analyse, est déjà un cinéaste révisionniste, alors que Vertov, au début du cinéma bolchevique, avait de toutes autres théories consistant simplement à ouvrir les yeux et à montrer le monde au nom de la dictature du prolétariat. »

Cette formule de Dziga Vertov est d'ailleurs citée au début de *Vent d'Est,* elle précède une remise en question directe du grand cinéaste du *Cuirassé Potemkine* et de *La ligne générale.* Voici ce qu'on entend dans *Vent d'Est,* sous l'appellation « Défaite du cinéma révolutionnaire, 18 novembre 1924 » :

« Quelques jours après la mort de Lénine, Serge Eisenstein sort bouleversé d'une projection d'*Intolérance,* film de l'impérialiste nord-américain Griffith.

« Conséquence : en 1925, confondant tâches principales et tâches secondaires, Eisenstein filme la révolte des marins du cuirassé Potemkine au lieu de glorifier les luttes du moment.

« Conséquence : en 1929, dans *La ligne générale,* à propos de la réforme agraire, si Eisenstein sait parler en termes nouveaux de l'oppression tzariste, il ne sait toujours utiliser que des concepts anciens pour décrire le collectivisme.

« Chez lui, l'ancien triomphe définitivement du nouveau.

« Conséquence : cinq ans plus tard, Hollywood lui paye un billet pour filmer la révolution mexicaine, pendant qu'à Berlin, le docteur Goebbels exige des dirigeants de l'UFA des " Cuirassés Potemkine " nazis... »

Vent d'Est énumère les autres causes de la défaite du cinéma révolutionnaire :
— le rapport de Staline, le 17 novembre 1935, à la conférence des stakhanovistes,
— l'erreur de Dziga Vertov qui fait de

son film, *La onzième année,* un hymne au rendement commercial, au lieu d'en faire un chant à la gloire de onze ans de dictature du prolétariat,
— la fabrication des films africains confiés « aux chrétiens blancs » par l'intermédiaire des gouvernements progressistes.

Avec cette belle formule :

« Quand la guerre populaire et l'action des masses les ont mis à la porte, les impérialistes reviennent par la fenêtre de la caméra pour mettre la révolution en danger. »

Vent d'Est énonce alors que la victoire du cinéma révolutionnaire vient de la Chine, en ce jour du 2 février 1966 où, dans l'éditorial du « Drapeau rouge », la camarade Kiang Tsing dénonce la théorie affirmant qu'il convient d' « écrire la vérité », dénonce la théorie de la « large voie du réalisme », dénonce la théorie des « personnages moyens », dénonce la théorie de « l'opposition au rôle décisif du sujet ». C'est l'acte de naissance du cinéma de fiction matérialiste.

Il allait de soi que certaines dents allaient grincer. Peu de temps après la parution du texte de *Vent d'Est* dans les « Cahiers du Cinéma », le mensuel soviétique « Arts du Cinéma » publiait un article vengeur. L'auteur, une certaine Chaternikova, reprochait à Jean-Luc Godard, pris comme cible au sein du groupe Dziga Vertov, de soutenir une thèse éronnée, grâce à « une véritable montagne de mensonges ». Le morceau de bravoure de madame Chaternikova ne cultive pas la nuance :

« Des attaques virulentes contre le cinéma soviétique représentent une étape logique dans l'évolution tant esthétique que politique de Godard. Celui-ci, en accord avec Gorin, dirige son " ardeur révolutionnaire " beaucoup moins contre l'idéologie bourgeoise que contre les idées socialistes et communistes de progrès social et de reconstruction révolutionnaire du monde. Godard répète mot pour mot les accusations calomnieuses de la propagande officielle de Pékin contre l'Union Soviétique et le parti communiste français. Les films underground de Godard et Gorin sont un amas de séquences sans liens qui reflètent

moins l'état de crise du monde que l'état de crise de leur conscience d'auteurs et leurs bonds désordonnés à la surface des événements. »

Ce qui importait surtout dans l'esprit du groupe Dziga Vertov, c'était de résoudre les problèmes de production avant ceux de diffusion.

« Alors que tout le cinéma militant, dit Jean-Luc Godard, se définit par une tentative de diffuser les films autrement, à notre avis, cela ne pouvait se faire, et cela a toujours abouti à des échecs. Au contraire, en marxistes, nous pensons que c'est la production qui doit commander à la diffusion et à la consommation, que c'est la révolution qui doit commander à l'économie et que, en ce qui concerne le cinéma, ce n'est qu'une fois qu'on saura comment produire des films dans des conditions spécifiques d'un pays capitaliste, sous la coupe de l'impérialisme, qu'on saura comment les diffuser ensuite. » Mais cela ne va pas sans contradictions. Le fait par exemple d'accepter une commande publicitaire pour financer un film sur la Palestine. Je cite encore : « Par exemple, pour payer les images palestiniennes, on doit faire un film publicitaire et donc on produit suivant la logique de l'idéologie publicitaire bourgeoise. Si on fait ça le matin, il est difficile l'après-midi de produire suivant une idéologie qu'on voudrait plus prolétarienne. On ne peut pas arrêter à midi, quitter une veste de bourgeois et prendre une veste prolétarienne. Ce n'est pas si simple. » Fallait-il s'arrêter de tourner pour autant ? Ou encore, envisager de fermer les cinémas en même temps que les universités ? Jean-Luc Godard a été l'un des rares à percevoir la contradiction qui s'est fait jour au moment de l'interruption du Festival de Cannes, en 1968. Le Festival s'est arrêté, la production aussi. Mais pas la diffusion de films. C'est d'ailleurs en profitant d'une contradiction que Jean-Luc Godard a continué à tourner des films. Exclu volontaire du système, à cause de l'intransigeance de sa contestation, il a néanmoins profité du prestige de son nom pour répondre favorablement à l'invitation de certaines télévisions étrangères.

En route vers le massacre, *One + One*.

Propédentique à une pédagogie nouvelle

L'aventure avait commencé avec *Le gai savoir*, coproduit par l'ORTF et Batavia Atelier (Munich), dont la réalisation couvre l'immédiat avant-Mai et l'immédiat après-Mai. Juliet Berto tient le rôle de Patricia Lumumba et Jean-Pierre Léaud celui d'Émile Rousseau. *Le gai savoir* n'a pas eu de chance, car immédiatement refusé par l'ORTF et privé d'accès dans les salles de cinéma. Dans un décor neutre, Patricia Lumumba et Émile Rousseau s'interrogent sur les sons, les images, le cinéma, la télévision, les photographies, l'art, la science, les journaux, la politique. Le premier personnage sort d'une fiction pulvérisée par l'éclatement de ses composantes :

« Elle arrive de sous la mer. Elle était déléguée du Tiers Monde aux nouvelles usines Citroën dans l'Atlantique nord. Elle a été foutue à la porte parce qu'elle donnait des magnétophones de poche à circuits imprimés à des ouvriers pour qu'ils enregistrent toutes les saloperies du patronat français. C'est la fille de Lumumba et de la révolution culturelle. »

L'autre personnage, c'est Émile Rousseau. Pas de commentaire. Le personnage-idée par excellence.

La fiction de départ, puisqu'il faut partir d'une histoire, avorte dans de libres associations surgies de l'humour désinvolte. Comme si on mettait des farces et attrapes sur les marches des escaliers du *Potemkine*.

Voilà ce que ça donne : « On sait en effet que l'opposition de gauche a obtenu de ses complices du gouvernement que la scolarité soit obligatoire en France jusqu'à 55 ans. Ce matin donc, 25 000 banlieusards, dont Émile, se sont présentés tout joyeux au cours de la Faculté des Sciences de la Ville lumière. Mais c'était affiché " complet ", et les portes étaient gardées par le 18e régiment blindé de parachutistes. Comme Émile et ses camarades voulaient entrer de force, le directeur de l'Université a téléphoné au ministère de la Guerre civile pour qu'il donne l'ordre aux paras d'ouvrir le feu. Les travaux que le mathématicien Laurent Schwartz avait exposés deux mois auparavant devant le tribunal Russell serviront à calculer l'angle de tir puisque c'était le même que celui utilisé par les B 52 lorsque leurs bombes au phosphore ont détruit les filatures d'Hanoi. C'est ainsi qu'Émile a reçu une balle en plein cœur. Heureusement, il avait sous son chandail le dernier numéro des " Cahiers du Cinéma ", et il n'a été que légèrement blessé... »

Ainsi la désinvolture cesse d'être péjorative. Au contraire, elle met en valeur les nombreux aphorismes, les jeux de mots, les glissements de sens. *Le gai savoir* est une propédeutique débridée à une pédagogie nouvelle. Jean-Luc Godard en tiendra compte pour les essais suivants. On retient de cette avalanche de sons et d'images qu'il faut savoir repartir à zéro, qu'il faut que l'œil écoute avant de regarder, que le langage est une arme du pouvoir qu'il convient de retourner contre les oppresseurs. Mais surtout, *Le gai savoir* indique une méthode ternaire que Jean-Luc Godard mettra en pratique dans quelques films suivants :
1) Ramasser des images et des sons, sans perdre de vue que le hasard « est structuré comme l'inconscient ».
2) Soumettre ces matériaux à la critique, par l'analyse, la réduction, la substitution et la synthèse.
3) Passer à une nouvelle fabrication d'images et de sons.

Ainsi la pratique, éclairée par la théorie, cesse d'être aveugle.

Et comme le disait Jean-Luc Godard dans la présentation de son film : « Ce film n'a pas voulu, ne peut pas vouloir expliquer le cinéma, ni même constituer son objet, mais plus modestement donner quelques moyens efficaces d'y parvenir. Ce film n'est pas le film qu'il faut faire, mais comment, si l'on a un film à faire, on passe nécessairement par quelques-uns des chemins parcourus ici. »

Le grand nettoyage commençait. Il faut dire que Jean-Luc Godard n'y est pas allé de main morte en tournant en 16 mm *Un film comme les autres*. On assiste à une longue discussion entre trois étudiants de Nanterre et deux ouvriers de Flins. Les longs plans de dialogues, en plein air, sont cadrés de telle sorte que le regard ne puisse prendre appui sur un visage pour le confort de la compréhension. Les paroles qu'échangent les personnages sont chevauchées par un commentaire qui ne s'embarrasse pas de préséance pour être audible, tandis que des scènes de Mai, muettes, coupent le cheminement de la conversation. Une phrase de Shakespeare pourrait très bien étouffer une remarque sur la situation politique en France, et réciproquement. Parlant de ce *Film comme les autres* pour « Tribune socialiste » (23/1/69), Jean-Luc Godard confiait : « *Un film comme les autres* est peut-être plus révolutionnaire que *Le gai savoir*, mais il n'a pas été pensé juste. Il a été pensé tout seul. Alors, il n'a que des applications réformistes. C'est un film sur la parole. Il fallait montrer cette parole, qui est souvent prisonnière entre étudiants et ouvriers quand ils sont ensemble et qui a été libérée ; et des tas d'autres choses. Il y avait aussi une tentative par le commentaire de réécrire avec les phrases des autres, depuis Lénine jusqu'à la Commune, un commentaire de la situation de Mai. »

Alors surgit *One + One*, sorti en France en mai 1969. Filmé en Grande-Bretagne au moment de Mai 68, *One + One* n'a pu échapper aux connotations venues de la grande déception d'une révolution manquée, ce qui en a en quelque sorte faussé l'approche critique. Disons tout de suite que ce film fut assez mal reçu, toujours au nom du privilège de la cohérence, de la filiation logique entre les séquences, du cartésianisme, de l'ancien Discours de la Méthode. A tel point que *One + One* fut reçu comme une sorte de film délinquant.

Avec le recul, on s'aperçoit que *One + One* est un film important

---

Apprendre à retourner contre l'ennemi l'arme avec laquelle il nous attaque : le langage.
... Apprendre pour avoir les trois A.
— C'est quoi ?
— A lire, A écrire, A compter.

(Dans Le gai savoir*)*

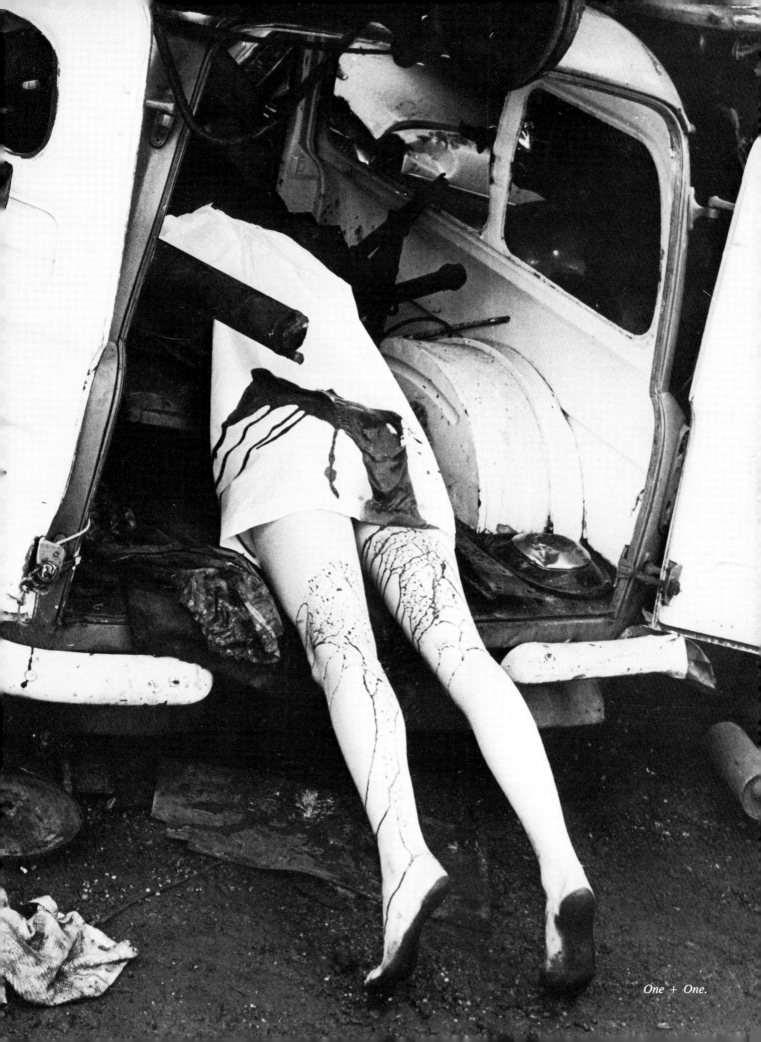

One + One.

dans l'itinéraire d'une remise en question créatrice. Encore une fois, Jean-Luc Godard osait aller jusqu'au bout de la démolition du film-spectacle, quitte à irriter les cinéphiles installés dans le confort des codes. (Je me souviens avoir écrit de méchantes lignes que je ne reconnais plus aujourd'hui.) *One + One* était en rupture avec le plaisir cinéphilique et la cohérence cartésienne, il fallait l'accepter comme tel.

Aujourd'hui, sans être passée dans les mœurs, la démolition du récit n'irrite plus. Le récit en a vu d'autres. Et *One + One,* revu dans un contexte moins passionné, garde une précieuse valeur de document. Les Rolling Stones composaient leur « Symphonie pour le Diable » et les Black Panthers faisaient l'actualité d'une Amérique en crise. On parlait d'Eldridge Cleaver, de Malcolm X, de Stokely Carmichael, phagocytés depuis par le libéralisme réactionnaire ou par les agents de la CIA. Ce film pas comme les autres

procédait par addition de plans-séquences. Dix plans-séquences d'environ 12 minutes, ce qui est peu ordinaire chez un cinéaste qui s'est ingénié à fragmenter le temps et la durée pour mieux parvenir à la vérité. Cinq plans-séquences des Rolling Stones qui créent leur musique. Avec une grande sûreté de documentariste, Jean-Luc Godard nous montre une musique en train de se faire, comme il nous avait invité à participer à un film en train de se faire dans *La Chinoise* ou dans le sketch de *La contestation*. La ligne musicale est tout de même coupée par deux plans-séquences dans le cimetière de voitures, par un autre où Anne Wiazemsky répond par oui ou par non à une interview en forêt, par un autre dans une librairie où des nazis récitent « Mein Kampf », avant de gifler des juifs, tandis que la caméra parcourt en travelling latéral une tapisserie de brochures érotiques. Et puis le plan final, superbe, avec la grue, la caméra, le

cadavre d'Eve Democracy et les deux drapeaux dans le soleil et le vent. Déjà cité.

Cette esthétique de l'addition se fait d'ailleurs sur plusieurs plans :
— répétition de la musique + répétition de la révolution
— gestes de la création artistique + mime de la grande violence
— intérieurs + extérieurs
— noir + rouge
— mots + mots, dans l'une des plus belles trouvailles du film, lorsqu'une voix « compose » un récit bourgeois.

Les phrases se télescopent dans la plus impertinente anarchie et entendre que le pape Paul VI « avait gardé sa main dans le slip de l'ambassadrice » peut faire glousser de plaisir les anticléricaux impénitents.

On a aussi l'impression que Jean-Luc Godard a voulu filmer la mort d'un certain cinéma, et ce n'est certainement pas par hasard que la démocratie au nom biblique expire sur un spec-

1

taculaire outil de cinéma, dans une sorte de cérémonial funèbre.

British Sounds procède aussi par additions. Addition d'un prologue et de six séquences auxquels il faut additionner des sons :
— un poing fermé crève un drapeau britannique en papier (prologue),
— une chaîne de montage dans une usine d'Oxford,
— le ventre nu d'une militante féministe,
— un speaker de télévision et quelques travailleurs isolés,
— des ouvriers marxistes,
— des étudiants qui fabriquent des posters gauchistes,
— une main couverte de sang relève le drapeau rouge dans la neige et la boue.

Quels sons viennent à ces images ? Une lecture d'extraits du Manifeste du parti communiste de Marx et Engels *(sur la chaîne de montage)*. Des paroles féminines sur la condition de la femme et une voix d'homme qui pose le problème de son exploitation par l'homme *(sur l'image du ventre)*. Des extraits de discours de Wilson, Pompidou, Heath, Nixon *(sur le visage du speaker)*, tandis qu'une voix basse demande aux ouvriers isolés de s'unir et de se syndiquer. Des considérations sur les problèmes sociaux : salaires, horaires, profit, chômage, cadences, enfants, nécessité d'un Parti *(sur les visages d'ouvriers marxistes)*. Des paroles théoriques sur la possibilité de fabriquer des images et des sons « autres que ceux de l'impérialisme » *(sur les étudiants)*. La séquence finale s'accompagne d'extraits de chansons révolutionnaires de plusieurs pays.

« Un film entre deux pôles, reconnaît Jean-Luc Godard, " film encore non politique " où il ne fait qu'énumérer les problèmes (ouvrier, étudiant, fascisme, etc.) en termes sociologiques, comme " Le Monde " ou " L'Express ", au lieu de les poser à partir d'une prise de position politique.

« Film non politique qui reste un objet de classe bourgeoise, au lieu d'être un sujet encore bourgeois qui prend une position de classe prolétarienne.

« Film politique en ce sens que sa

façon de procéder extrêmement simple permet à tous de le critiquer facilement et donc de faire la démarcation entre *être* de classe bourgeoise et *prendre* une position de classe prolétarienne.

« Film politique en ce sens qu'en face de lui, objet de classe, on doit se définir comme sujet de classe vis-à-vis de cet objet. »

1. **Le noir et le rouge**, *One + One*.
2. **Anne Wiazemsky dans** *One + One*.

Qu'est-ce que tu fais ?
— *J'écoute. Dans un film, on voit toujours des gens qui parlent, jamais qui écoutent.*

(Dans Le gai savoir*)*

1 et 2. Avec Mick Jagger et les Rollings Stones, *One + One*.

Démarche expérimentale pour une pensée révolutionnaire

Dans *Vent d'Est,* Jean-Luc Godard met en pratique son refus de la notion d'auteur. Il l'avait exprimé nettement dans une interview accordée à Jean-Paul Fargier et Bernard Sizaire pour « Tribune socialiste » (23 janvier 1969) : « Pour filmer d'une manière politiquement juste, il faut se lier aux gens dont on pense qu'ils sont politiquement justes. C'est-à-dire ceux qui sont opprimés, qui subissent la répression et qui combattent cette répression. Et se mettre à leur service. Apprendre en même temps que leur apprendre. Abandonner de faire des films. Abandonner la notion d'auteur telle qu'elle était. C'est là qu'on voit la trahison, le révisionnisme intégral. La notion d'auteur est une notion complètement réactionnaire. Elle ne l'était peut-être pas à des moments où il y avait un certain progressisme des auteurs par rapport à des patrons féodaux. Mais à partir du moment où l'écrivain ou le cinéaste dit : " Moi je veux être le patron parce que je suis le poète et que je sais ", alors là, c'est complètement réactionnaire. »

Vent d'Est a donc pris l'allure d'une création spontanée et collective avec tous les débordements que cela peut amener. Sa richesse et son foisonnement ont dû être difficiles à maîtriser au moment d'un montage qui délègue un pouvoir exorbitant à la bande son. D'autant plus qu'il fallait compter avec des personnalités aussi fortes que Jean-Luc Godard, Jean-Pierre Gorin et Daniel Cohn-Bendit, leader historique des événements de Mai. *Vent d'Est* met en pratique la démarche ternaire suggérée par les personnages du *Gai savoir,* et reprise dans les films suivants du groupe Dziga Vertov.

Première phase

Partir d'une situation empirique ou subjective et procéder à une énumération descriptive :

Par exemple :

— *Un embryon de scénario* venu d'un genre cinématographique traditionnel comme le western *(Vent d'Est)*, on y trouve les clichés et les stéréotypes (un ranger nordiste, une révolutionnaire, un Indien, une jeune bourgeoise et un délégué) qui renvoient à des connotations politiques (l'impérialisme, les minorités agissantes, les minorités opprimées, la bourgeoisie et la sociale-démocratie révisionniste). La mise en place se fait par des oppositions verbales sur des images conventionnelles. Des voix mentent (la bourgeoise, le révisionniste). Des voix bégayent (les minorités). Jean-Luc Godard s'en souviendra peut-être pour la difficulté d'élocution de son ouvrière de *Passion*.

— *Un fait divers politique :* le procès dit « des huit de Chicago » (Bobby Seale, Tom Hayden, David Dellinger, Abbie Hoffman, Rennie Davis, Lee Weiner, John Froines, Jerry Rubin) accusés de conspiration au moment de la Convention démocrate de Chicago. Un procès de six mois (octobre 68-mars 69) au cours duquel les inculpés créèrent un bordel monstre, à tel point qu'ils furent condamnés (et certains lourdement) non pas pour les faits reprochés, mais pour injure au tribunal *(Vladimir et Rosa)*.

— *Un documentaire touristique* et subjectif sur la Tchécoslovaquie *(Pravda)*, qui énumère la moisson d'images sur le mode du « Il y a »... (une speakerine TV avec des chandails en cachemire, des affiches publicitaires pour trusts américains, des transports en commun, des usines, des tanks « qui surveillent les paysans », une vue de Prague, un magasin d'alimentation nationalisé, des grillages, une classe ouvrière qui « ne comprend plus son parti qui lui donne des ordres en russe », etc.). Un pays malade.

— *Des scènes de la vie quotidienne* d'une jeune femme qui se dit marxiste et impliquée dans le mouvement révolutionnaire (à l'université, en face d'un jeune ouvrier auquel elle donne des leçons particulières, dans un magasin de vêtements, dans sa famille) *(Luttes en Italie)*. Mais, cette fois, pour éviter les pièges de la subjectivité et rester fidèle aux thèses de Dziga Vertov sur le montage (« Nous voulons parvenir à ce que la rédaction du scénario, le

tournage et le montage, soient réalisés simultanément avec les observations menées sans interruption dans la réalité sociale. » D.V.), les cinéastes du groupe laissent des images noires, inexpliquées. D'autre part, ils essayent d'accéder à l'image « juste », c'est-à-dire une image « nécessaire et suffisante », dont Abraham Segal dans son indispensable travail de recherche paru dans l'« Avant-Scène Cinéma » (171-172, « Films Invisibles ») donne la définition suivante : « Une image fabriquée avec économie de moyens, qui visualise par un raccourci le sujet dont il est question dans la séquence : « Ainsi :
Une assiette de soupe pour la Famille. Un plateau avec du thé et des médicaments pour la Santé.
Une main sur une clenche pour le Sexe. Des journaux et des tracts pour le Militantisme. »

— *Des images d'un peuple* en lutte (un film qui devait s'appeler *Jusqu'à la victoire* et qui, on l'a vu, est devenu *Ici et ailleurs*).

Deuxième phase

On doit alors prendre conscience que le tournage d'un film politique n'est pas suffisant, il faut nécessairement tourner « politiquement » ce film. Donc, les cinéastes doivent éviter de tomber dans les pièges de la fiction subjective ou dans ceux de l'illusion du cinéma-vérité. Par exemple, il ne suffit pas de montrer la misère d'un peuple, il faut aller au-delà et penser les images en fonction de la lutte des classes. Renoncer aux enquêtes dont les méthodes sont fournies par l'idéologie dominante. Tout cela passe par une réflexion critique qui corrige les éléments filmiques de la première phase. L'interrogation sur les images et sur les sons doit permettre de débusquer une idéologie dans tout ce qu'elle a de pernicieux.

C'est ainsi que *Vent d'Est* met en évidence le concept bourgeois de « représentation » et son utilisation aliénante. L'essentiel du film peut se condenser dans cette présentation démystificatrice du cinéma d'Hollywood : « Hollywood. Produit. Fabrique.

1) Le ciné-drame est l'opium du peuple.
2) A bas les rois et les reines immortels de l'écran et vivent les mortels ordinaires filmés dans la vie pendant leurs occupations ordinaires.
3) A bas les fables-scénarios bourgeoises. Vive la vie comme elle est.
4) Le ciné-drame et la religion sont les armes mortelles entre les mains des capitalistes. Par la démonstration de notre quotidien révolutionnaire, nous arracherons ces armes des mains de l'ennemi.
5) Le drame artistique actuel est un vestige du vieux monde. C'est une tentative pour couler notre réalité révolutionnaire dans des formes bourgeoises.
6) A bas la mise en scène de la vie quotidienne : filmez-nous à l'improviste tels que nous sommes.
7) Le scénario est une fable inventée à notre sujet par un homme de lettres. Nous vivons notre vie sans nous soumettre aux inventions de quiconque.
8) Dans la vie, chacun de nous vaque à ses affaires sans empêcher les autres de travailler. L'affaire des Kinoks, c'est de nous filmer sans nous empêcher de travailler.
9) Vive le ciné-œil de la révolution prolétarienne.

Dziga Vertov
(Paru dans les « Cahiers du Cinéma » n° 228, dans une traduction d'Andrée Robel et Sylviane Mossé.)

« Hollywood présente ça comme du cinéma, comme du merveilleux, comme du rêve (un rêve où il faut payer sa place). Bon. Mais ce rêve, en même temps, pour Hollywood, c'est une arme : ce rêve, Hollywood fait croire qu'il est réel, qu'il est plus vrai que nature...

« Hollywood... Hollywood fait croire (et dans cette affirmation tous les moyens sont bons), Hollywood fait croire d'abord que ce reflet de cheval est un cheval, et ensuite que ce reflet de cheval est encore plus vrai qu'un vrai cheval, ce qu'il n'est même pas.

« Hollywood fait croire que cet Indien de cinéma est plus vrai qu'un Indien et que, sur le cheval, se tient un figurant plus vrai qu'un soldat nordiste. On l'appelle, ce figurant, un acteur. Cet " acteur ", on l'appelle un " personnage ". Les " aventures de ce personnage " on les appelle un " film ". Et la fabrication du " film ", on l'appelle " mise en scène ". Dans cette offensive, tous les moyens sont bons, déguisement, maquillage, travestissement, représentation. Chaque année, Hollywood décore et récompense les meilleurs " metteurs en scène " du monde entier. Le tour est joué.

« L'idée impérialiste du réel passe pour le réel lui-même. »

A la question : « Que faire ? » qui revient comme une obsession dans *Vent d'Est,* le film répond :
— savoir passer par l'erreur pour accéder à une vérité,
— déceler les séductions de la sociologie bourgeoise,
— s'attaquer au concept de la « représentation » bourgeoise,
— penser son combat en termes de luttes des classes.

Dans *Vladimir et Rosa,* la situation de départ est volontairement distanciée par une reconstitution brechtienne du procès des huit. Jean-Luc Godard (dans le rôle de Vladimir) et Jean-Pierre Gorin (dans celui de Rosa) poussent jusqu'à l'outrance la théâtralité du cérémonial judiciaire. Et comme ils se sont donné des personnages de cinéastes militants qui font « politiquement un film politique », ils

peuvent théoriser les problèmes du cinéma révolutionnaire.

Dans *Pravda,* la seconde articulation du film, encore une fois signalée d'une manière on ne peut plus didactique, devra donner les raisons de cette maladie dont souffre la Tchécoslovaquie présentée sous forme de documentaire touristique. Et d'abord, bien désigner cette maladie : le révisionnisme. Il appartient alors au montage de démonter le mécanisme des contradictions.

« Oui, dit une des voix du film, on traite les images et les sons sur une ligne antirévisionniste en essayant d'établir entre eux un nouveau rapport contradictoire : mettre à nu les causes internes et commencer à connaître alors la substance des choses et qui s'appelle la situation actuelle dans la République socialiste tchécoslovaque. »

Dans *Luttes en Italie,* le groupe Dziga Vertov invite Paola, la jeune marxiste, ainsi que le spectateur, à s'interroger sur les images de la première partie du film. Et surtout sur les quelques images noires restées sans explication. La première partie avait fonctionné avec des morceaux de la vie de Paola, bien cloisonnés par la voix de l'idéologie bourgeoise qui précise les chapitres (le militantisme, l'université, la science, la société, la famille, la santé, le caractère, le sexe...). C'étaient, dit le film, des « reflets » de Paola.

Alors une question se pose : quel est le rapport entre ces reflets et les images noires ? Que remplace ce noir ? Cette démarche entraîne une analyse critique qui fait découvrir le véritable sens de phrases jusque-là utilisées de manière irréfléchie : notamment, la phrase-clé du film : « L'existence sociale des hommes détermine leurs pensées. » Grâce à une analyse faite concrètement, Paola découvre le sens du mot contradiction.

Troisième phase

La théorie enrichit la pratique révolutionnaire :
— arracher le cinéma, la photographie, la télévision des griffes de l'idéologie dominante *(Vent d'Est)* ;

— guérir la maladie (révisionnisme) par le marxisme-léninisme.

« Notre tâche de cinéastes marxistes-léninistes sera de commencer à mettre des sons déjà justes sur des images encore fausses. Des sons déjà justes, car ils viennent des luttes révolutionnaires. Des images encore fausses, parce que produites dans le camp de l'idéologie impérialiste. » (Jean-Luc Godard, dans un texte de présentation de *Pravda,* février 1970) ;
— dépasser les contradictions comme dans *Luttes en Italie.*

Ici, la démonstration est exemplaire. Les auteurs du film proposent un montage qui reprend les éléments de la première partie, mais en remplaçant les noirs par les images qu'appelle la réflexion de la seconde partie.

La bande son explicite la méthode : « Penser le rapport de ma pensée à mes conditions sociales d'existence, et à ce qui les définit, c'est-à-dire, aujourd'hui en Italie, les rapports de productions capitalistes.

« ... Penser ce rapport, c'est dans le film situer mon discours maintenant entre deux plans de rapports de production capitaliste.

« ... Pourquoi toujours cet espace noir dans cette chaîne d'images ? De quoi vient mon discours, dans cet espace noir ?

« Il vient de ce que je pense mon rapport au plan qui a précédé cet espace noir et au plan qui suivra cet espace noir.

« ... Donc, du fait que je pense mon rapport aux rapports de productions capitalistes.

« ... Là, dans la première partie du film, il y avait un noir. Maintenant un atelier, c'est-à-dire une image de rapport de production.

« ... Après ce noir, il y avait un plan de moi achetant un chandail, et après, de nouveau, un noir.

« Et maintenant, au lieu d'un nouvel espace noir, c'est une usine que l'on voit. Un rapport de production... »

On assiste alors à un déplacement de sens des éléments filmiques de la première partie. Le discours n'est plus le même. L'idée juste peut devenir une force matérielle.

« Mais c'est un chemin difficile, conclut Paola
C'est au mieux une indication de travail
de lutte,
de travail,
de lutte,
de travail,
de lutte,
de travail,
de lutte, »

Et cette contradiction, thème principal de tous ces films en marge, il faudra l'assumer en acceptant les chèques qui permettent la réalisation de *Tout va bien,* avec Jane Fonda et Yves Montand comme atouts pour la diffusion. Jean-Luc Godard et Jean-Pierre Gorin s'empressent donc de filmer la signa-ture des chèques nécessaires au finan-cement, pour mieux révéler le proces-sus économique de sa réalisation. « Révéler les dessous du cinéma, écrit Jacques Chevallier dans la saison 72, c'est avouer sa nature véritable, c'est contester l' '' autre cinéma '', sa fonc-tion et sa forme. » *Tout va bien,* magnifique mise en œuvre des conseils brechtiens, est un film qui fait le point : sur les cinéastes eux-mêmes, au sortir d'une longue période d'un cinéma différent ; sur les méthodes de filmer qui tiennent compte de leur pré-cieux acquis ; sur la France de Pompi-dou, alors que Stone chante :
« Il y a du soleil sur la France
Et le-reste-n'a-pas-d'importance. »

Dans ce pays où tout va bien alors que rien ne va plus, les militants du PC vendent leur petit livre orange dans les magasins à grande surface et les intel-lectuels de l'après-Mai vivent doulou-reusement leurs contradictions. C'est aussi le constat des brutalités policiè-res. *Tout va bien* rend hommage aux martyrs de l'espoir. A Pierre Overney, à Gilles Tautin, assassinés à Flins. Il fait le point sur le mécanisme d'une grève avec séquestration du patron, sur les méfaits du révisionnisme et surtout il insiste sur le rôle des infrastructures économiques qui déterminent les manières de vie d'un couple. Les senti-ments évoluent en même temps que la prise de conscience politique s'affirme ou languit. Et ce film, admirablement maîtrisé, marque désormais une étape décisive dans le cinéma politique fran-çais, si pauvre en essais de ce genre.

Jean-Luc Godard et Hanna Schygulla,
Passion.

Adieu spécificité

Caïn et Abel
Cinéma et Télévision
(Inscription au tableau noir,
Sauve qui peut la vie)

« La télévision, c'est le cinéma quoti-
dien. »

(Six fois deux)

1972-1975. Le silence.

Dans *Bande à part,* il nous avait fait écouter et voir une minute de silence, transformant ainsi en gag une des belles trouvailles du *Liliom* de Fritz Lang.

Dans un ciné-tract de Mai 68, il laissait des blancs avec mode d'emploi :
« Réfléchissez 12 secondes,
idem 12 secondes... »

Voici qu'il se tait. On ne le voit pas.

On connaissait une des raisons. Un terrible accident de moto. La nouvelle était tombée sèchement au bulletin d'information. Et puis, un beau jour, on apprend par la presse spécialisée que Jean-Luc Godard prépare sa rentrée, avec un remake d'*A bout de souffle*. Cela paraît étrange, mais avec lui on ne sait jamais.

La vie est difficile à comprendre, et je travaille dur à la faire comprendre.
J.-L. G. dans Jean-Luc *(Six fois deux)*

Numéro 2. Devant un écran de vidéo et, sur cet écran, Jean-Luc Godard parle. Il est seul, exilé volontaire du système cinématographique capitaliste. Il a quitté Paris pour Grenoble, il a dit non à la réussite financière qui pouvait se réaliser sur son nom. Il est salarié. Au milieu d'une installation de matériel vidéo, il manipule des mots, des sons et des images.

« C'est quoi, ici, tu demandes ? C'est une bibliothèque... c'est une usine... On pourrait dire, c'est une usine... Ben, le corps c'est une usine.

« Moi, je suis le patron, mais je suis... un patron spécial, parce que je suis l'ouvrier ici... Et parce que je ne suis pas seul en tant qu'ouvrier, on a pris le pouvoir... »

Cet homme triste règne amoureusement sur cette machine en laquelle il pressent un espoir nouveau d'expression libre. Il n'a guère changé, à part une certaine amertume qui s'inscrit sur son visage et qu'il ne parvient guère à dissimuler. Toujours aussi direct dans ses formules (« Les enfants d'ouvriers vont à l'école et, après l'école, ils vont à l'usine, et ça revient au même »). Toujours aussi brillant dans l'art de jouer avec les mots, toujours préoccupé par les problèmes du langage.

En prenant son temps, Jean-Luc Godard parle. L'admirateur de Brecht n'en est pas à un paradoxe près. Dès la première image, il s'installe dans le subjectivisme le moins brechtien possible, en sauvegardant toutefois les apparences par l'emploi des deux écrans miroirs.

Il parle de son exil. De Machin, en face d'une machine. De la production de son film après une rencontre avec Georges de Beauregard. De ses anciens amis. De Paris. Et de cette nouvelle invention qui permet une communication d'un type différent. Comme le titre pouvait l'indiquer, et comme l'avaient révélé certaines « indiscrétions » d'après tournage, on s'attendait à un remake d'*A bout de souffle*. C'est dire la curiosité qui entourait la sortie d'un film confirmant la rentrée de cet assoiffé d'absolu. Or, on découvre quelque chose qui n'est pas un film, une suite d'images-interrogations qui refuse l'esthétique et l'écriture traditionnelles, qui nie une fois de plus le cinéma-spectacle, qui refuse la fascination en juxtaposant des centres d'intérêts différents, grâce à la multiplication des petits écrans. Finalement, le seul rapport avec *A bout de souffle,* c'est la présence d'un plan où quelqu'un pisse dans un lavabo.

Jean-Luc Godard pose son décor. Mais d'une manière originale, car nous ne quitterons pas sa pièce de travail. Le décor, c'est l'image sur petits écrans. C'est le fait social capté par les caméras de reportage ou fabriqué selon l'illusion de réalité du cinéma commercial. Simultanément, nous assistons aux impressionnants défilés du 1er mai, avec Séguy et banderolles, à un extrait du film de Sautet, *Vincent, François, Paul et les autres,* images de la France UDR, à des petits bouts de films de karaté ou de films de sexe. Une dictature de l'image qui étouffe tant de nouveaux talents et qui condamne au silence tous ceux à qui on accorde la liberté d'expression, mais « qui ne peuvent exprimer leur liberté » (la formule est de Jean-Luc Godard).

Ce contexte explicatif ainsi posé, commence une interrogation que Jean-Luc Godard traduit sous forme de constat. *Numéro 2* est un kaléidoscope de réflexions sur la vie quotidienne de ceux qui ont à souffrir d'un système politique qui les viole. C'est ainsi que les caméras vidéo enregistrent le mal de vivre de trois couples qui symbolisent trois générations. Deux enfants, un salarié et son épouse, deux vieilles personnes. La caméra approche les préoccupations des enfants d'aujourd'hui, leur manière de voir les choses et les êtres (« Au début, il y avait un paysage, et dedans on a mis une usine... Au début, il y avait une usine, et tout autour on a mis un paysage. ») Un plan nous montre la plus belle leçon d'éducation sexuelle montrée à l'écran (et la moins hypocrite). La maman et le papa, nus l'un près de l'autre, appellent leurs enfants et leur expliquent comment la verge, cette sorte de bouche, se pose sur les lèvres du vagin en un baiser qui exprime tout leur amour. Cette scène se passe juste avant l'heure de l'école...

On voit aussi ces personnages en proie à la monotonie du quotidien. Une femme s'ennuie devant son évier ; une ménagère cire les godasses de son gamin ; une vieille femme lave son corps abîmé par l'âge ; un vieil homme, sexe à l'air, raconte intarissablement ses souvenirs de la 3e Internationale ; un couple éprouve une certaine difficulté à s'épanouir en faisant l'amour. De ces personnages, nous ne savons rien en dehors de ces situations du moment présent. Aucune explication psychologique, aucune intrigue de support, aucune progression chronologique. Toutes ces situations ne sont que les éléments d'un discours que Jean-Luc Godard se tient à lui-même et qu'il nous adresse ensuite. Un soliloque par lequel il revendique une solitude et qui est aussi un appel à la communication.

Pourquoi la perception d'un écran vidéo cache-t-elle la perception d'un autre écran vidéo ?

Pourquoi faut-il se méfier de la prégnance d'une image ?

Pourquoi chacun est-il menacé dans sa liberté d'interprétation par la structure d'une image ?

L'écran vidéo remplacera-t-il l'écran de cinéma ?

Faut-il remettre en question les salles de cinéma ?

La diffusion peut-elle se faire dans les appartements, dans les salles de réunions ? Peut-elle échapper à la censure ?

A chacun de répondre, en prenant conscience de cette nouvelle arme de communication que constituent les techniques de vidéo.

Dans *Numéro 2*, cette suite d'impressions avait pour but « d'exprimer un malaise », comme dit Jean-Luc Godard. Et, pour ce message, le film vidéo se déguisait pour la circonstance en film de cinéma.

Les mots, les images et les lettres

Dès lors, le problème de la communication devient essentiel. Cela étonne peu lorsqu'on voit l'extrême importance que Jean-Luc Godard a accordée à la réflexion sur le langage au cours de toute son œuvre. Depuis le mot « dégueulasse » de la fin d'*A bout de souffle*, jusqu'à l'expression « tapis volant » qui clôt *Passion*. Thème obsessionnel. Accent étranger de Jean Seberg, Anna Karina, Giorgia Moll, Alexandra Stewart, Johanna Shimkus, Jane Fonda, Hanna Schygulla ou encore de Fritz Lang ou de Jerzy Radziwilowicz. Barrière des langues et rétrécissements de sens des traductions. Une fausse audition dans *Le petit soldat* (« Il faut que j'aille à la gare... » voix off : « Ils ont cru que je disais : à la guerre. Alors je leur ai dit que c'était la même chose. ») ou la magnifique leçon de philosophie de Brice Parain dans le bistrot de *Vivre sa vie* :
Pourquoi lit-on ?
Qu'est-ce parler veut dire ?
Les mots trahissent-ils la pensée ?
Les mots disent-ils vrai ?
Comment trouver le mot juste ?
Parler et penser est-ce pareil ?
Et d'accéder aux hauteurs de la philosophie allemande. Kant, Leibniz, Hegel. Le passage par l'erreur ou la contradiction pour arriver à l'idée juste. Il faudrait citer aussi l'éloge du paradoxe par Roger Leenhardt dans *Une femme mariée* et surtout la manière d'exprimer la mutation des habitants d'*Alphaville* par la dispari-

tion des mots interdits. Ils n'arrivent plus à éprouver les sentiments correspondant aux mots bannis du vocabulaire de la « Bible-dictionnaire ».

Dans *Deux ou trois choses que je sais d'elle*, Marina Vlady fait cette belle réponse à son fils qui vient de lui raconter un rêve et qui lui a demandé d'une manière abrupte : « Maman, qu'est-ce que c'est le langage ?

— Le langage, c'est la maison dans laquelle l'homme habite. »

Ou alors, ce beau dialogue de *La Chinoise* :

Guillaume : — Je voudrais être aveugle.
Véronique : — Pourquoi ?
— Ben, pour te parler, ce serait mieux, on s'écouterait sérieusement.
— Ah, oui, comment ça ?
— Ben, on redistribuerait le langage autrement. Écoute, il ne faut pas oublier que depuis deux mille ans, les mots ont pas mal changé de sens.
— Et alors ?
— On se parlerait sérieusement. Ça veut dire que enfin, ce serait les sens qui changeraient de mots.
— Ah ! oui d'accord. Se parler comme si les mots étaient des sons et de la matière.
— Ils... le... sont... Véronique.
— Bon d'accord, on essaye. Commence.
— Au bord de la rivière
— Vert et bleu
— Tendresse
— Un peu de désespoir
— Après-demain
— Oh, peut-être
— Théorie de la littérature
— Un film de Nicholas... Ray
— Les... Procès... de... Moscou
— Rouge-gorge
— Rock and Roll
— Et caetera
— Et caetera
— Et caetera
— Je t'aime, tu sais.

1 et 2. Des lettres, des images et des mots, *Une femme mariée.*

« Être un homme de compréhension avant
d'être un homme d'affirmation... » Roger
Leenhardt, *Une femme mariée*.

Les jeux de mots, en une certaine manière, ils sont interdits de séjour ; enfin, on les accepte, mais dans les trucs mondains ; comme ça on dit que c'est pas sérieux. Et pourtant les jeux de mots, c'est un mot qui glisse sur un truc, c'est du langage et du langage, c'est un peu l'amour quand même qui nous a appris le langage, alors ça glisse, ça indique des courts-circuits, des interférences, des trucs, on s'en sert pour guérir des fois des malades, non c'est sérieux...

Numéro 2

Quant au langage écrit, il est, lui aussi, omniprésent dans — et sur — les images des films. Les signes, les lettres, les chiffres, les mots, et les phrases. Dans les premiers films ils apparaissent, non pas dans ce qu'ils ont de vécu, mais comme pensée figée. Le langage écrit a en effet quelque chose d'irrémédiable, d'immuable, contrairement au langage parlé qui s'exprime par hésitations, choix instantané et qui épouse les fluctuations d'une pensée vivante. Monika (Johanna Shimkus), l'étourdie de *Montparnasse-Levallois*, en sait quelque chose lorsqu'elle croit s'être trompée de destinataires pour ses deux lettres. Elle a beau user de tout son charme vocal, elle perdra ses deux amants, avec en prime un magistral coup de pied au derrière. C'est ce côté irrémédiable et figé du mot écrit que Jean-Luc Godard décrit, puis conteste à travers ses films :

Journaux, enseignes lumineuses, affiches, graffiti, couvertures de magazines ou de livres, pages imprimées, lettres manuscrites, slogans publicitaires, bandes dessinées, pochettes de disques, cartons calligraphiés (comme dans *Les carabiniers*) sous-titres, cartes postales, intertitres... Dans son impressionnant « Scriptovisuel », Gérard Blanchard parle même d'intertitres sur image : « Je pense à une séquence d'*Une femme est une femme*. Sur un panoramique qui va de Brialy à Karina, des mots apparaissent au centre de l'écran, les uns après les autres, et dans l'ordre, pour donner la phrase suivante : « Émile prend Angela au mot parce qu'il l'aime. » Alors Godard fait un panoramique inverse. Un nouveau texte se forme par apparitions successives de mots, à partir de la fin

de la phrase : « Et Angela se laisse prendre au jeu parce qu'elle l'aime. »

Ainsi sommes-nous, tout au long de ces films, cernés par toutes sortes d'éléments graphiques auxquels Godard accorde un rôle prépondérant. Loin d'un rôle simplement narratif ou décoratif.

La lettre et le mot sont des outils de l'intelligence, mais des outils à double tranchant. A double vocation. Ils aident à affirmer et ils aident à comprendre. Quand il affirme avant de comprendre, le mot se met au service du dogmatisme. Alors, le cinéma se doit d'être un cinéma de compréhension avant d'être un cinéma d'affirmation. Je pastiche ici la très belle définition de l'intelligence que donne Roger Leenhardt dans *Une femme mariée*. Et cet ordre de priorité semble être devenu une maxime.

Alors, comment contester ce pouvoir d'aliénation du mot écrit ? Comment accéder, par son intermédiaire, au pouvoir de compréhension ?

Les procédés sont divers.

On peut, tout d'abord, placer le mot dans un contexte incomplet. Ou même l'amputer par un cadrage trop serré. La phrase, ou le mot, n'ont plus alors leur signification solide, inébranlable et imposée. C'est en toute liberté retrouvée que le spectateur les sélectionne, les interprète et les comprend. Le parti pris est poussé à l'extrême dans *Le mépris* et surtout dans *Pierrot le fou*, lorsque Belmondo écrit son journal :

« Mardi, j'ai décidé d'écrire mon journal. Quel est l'être vivant qui, face à la nature, ne se croit la force de la décrire par le langage ? » Cela calligraphié sur papier d'écolier.

Mais, si le début du journal est tout à fait lisible et compréhensible, la suite est constituée de mots coupés, de blancs, d'éléments de phrases hors cadre.

Par exemple : « Sentiment du corps. Les yeux. Paysages humains. La bouche : onomatopées qui finissent par devenir langage. trépise a visages saierai un jour de ire cette trange réalité : réussite, échec. Le langage poétique surgit des uines. »

Ou encore : « Vendredi écrivain choisit d'en app liberté des autres h . » Pourtant, de ce journal, ou des titres incomplets de romans, surgit toujours le mot clé, le mot obsessionnel et prémonitoire : Mort. Ces phrases amputées sont comme une démystification du pouvoir tyrannique des mots. Toujours dans *Pierrot le fou,* la marque *Esso* devient, avec un insert des deux lettres rouges sur fond blanc, SS. En bande son, pour appuyer ce cadrage... un tir de mitrailleuse. De même, sur un mur, est écrit, en grosses lettres, *Oasis. Oas* en rouge. *Is* en bleu. Jeux sur les mots. Jeux avec les mots et les lettres. Lettres isolées de leur contexte. Comme nues et dérisoires.

Dans quelques films, cette démystification commence dès le générique. Dans *Pierrot le fou,* les lettres et le nom des deux acteurs principaux. Puis les lettres s'éteignent progressivement pour ne laisser que *PIERROT LE FOU*. Puis *le* disparaît. Les autres lettres également. Ne subsistent que les deux O qui, à leur tour, s'éteignent.

Dans le générique des *Carabiniers,* au contraire, c'est la surabondance. Godard a poussé la performance jusqu'à faire figurer sur un même carton tous les noms des personnages qui ont participé à la fabrication du film, compromettant ainsi sa lisibilité.

Il arrive aussi que Jean-Luc Godard casse le discours écrit en faisant intervenir le temps. Dans *La Chinoise,* l'article LES apparaît à la fin de la première séquence. Il faudra attendre la troisième pour voir apparaître le mot suivant IMPÉRIALISTES. A la huitième séquence on peut lire LES IMPÉRIALISTES SONT ENCORE. A la dixième, on complète VIVANTS. Le texte se forme progressivement, et on voit beaucoup plus clair dès la dix-neuvième séquence : LES IMPÉRIALISTES SONT ENCORE VIVANTS. ILS CONTINUENT A FAIRE RÉGNER L'ARBITRAIRE EN ASIE, EN AFRIQUE ET EN AMÉRIQUE LATINE. EN OCCIDENT, ILS OPPRIMENT ENCORE LES MASSES POPULAIRES DE LEURS PAYS RESPECTIFS. CETTE SITUATION...

Et le message continue jusqu'à la fin du film.

Il arrive même à Jean-Luc Godard de mettre en scène le doute que peut faire naître la vision de certains mots. Dans *Deux ou trois choses que je sais d'elle,* une voix annonce : « Mais est-ce bien ces mots et ces images qu'il faut employer ? Sont-ils les seuls ? Est-ce qu'il n'y en a pas d'autres ? » Un insert nous fait lire :

FRICTION
PROOFING

Puis nous sommes agressés par d'autres mots : MOBIL, KLEBER-COLOMBES, EYQUEM, DUNLOP. C'est alors qu'un autre gros plan nous montre :

CAR
entrée

Un zoom arrière cadre :

RCARW
entrée ent

Le commentaire ajoute : « Pourquoi tous ces signes parmi nous qui finissent par me faire douter du langage et qui me submergent de significations, en noyant le réel au lieu de le dégager de l'imaginaire. »

Or, un zoom avant vient recadrer :

CAR

Nous voilà rassurés.

Dans l'évolution de son style, Jean-Luc Godard donne de plus en plus d'importance aux écrits. Ce qui mène tout droit au sacrilège. Car cela va à l'encontre du privilège que la cinéphilie accordait à l'illusion de réalité. Les plus zélés des cinéphiles allaient même jusqu'à enlever les intertitres de certains films muets. Au nom de la tyrannie de l'image. Tout pour l'image. A bas le texte ! L'image devait régner, intacte et vierge de toute impureté graphique. Le meilleur metteur en scène était alors celui qui pouvait tout exprimer par l'image.

Jean-Luc Godard cesse de respecter le tabou de l'image totale. Les lettres viennent profaner l'image.

Il n'hésite pas à utiliser largement le sous-titre, soit pour cultiver le pléonasme comme dans certaines de ses émissions télévisées, soit pour condenser un dialogue inaudible comme dans *Une femme mariée,* alors que les voix de deux jeunes filles sont couvertes par

les bruits d'une piscine. Godard reproduit dans sa quintessence la banalité des paroles échangées qui viennent s'inscrire sur les visages. L'écrit fait irruption dans l'image et vient en fissurer la belle ordonnance. Voici que les signes graphiques démolissent la fascination de l'image. Ils contribuent à briser la linéarité du récit, à déconstruire un film qui ne se présente plus comme une suite coulée, régulière et cohérente. C'est la fonction du découpage en douze tableaux, tous précédés d'un intertitre, dans *Vivre sa vie,* c'est l'intrusion de titres, de chiffres et de commentaires écrits dans *Week-end.*

Il va de soi que ces procédés secouent les habitudes de perception, qu'ils rendent impossibles toutes les formules d'identification.

En même temps, ils soulignent l'importance que l'environnement peut exercer sur notre perception. Nous assistons à une prise de pouvoir du signe, les émissions publicitaires télévisées en sont le meilleur exemple. Déjà dans *Pierrot le fou,* Jean-Luc Godard nous montrait une soirée mondaine où chaque invité s'exprimait sur un ton de slogan publicitaire. Mais il va beaucoup plus loin dans *Deux ou trois choses que je sais d'elle* lorsqu'il reconstitue, sous forme de modèle réduit, la structure des grands ensembles de la région parisienne. Un monde réifié dont les immeubles sont des emballages d'Ajax, Omo, Lavix, Gitanes, Gauloises, Lustucru, etc.

Dans cette prise du pouvoir, la calligraphie joue également son rôle. Et, sur la signification sociale des inscriptions, je cite avec plaisir Gérard Blanchard (Scriptovisuel I) : « Dans la mesure où il emploie « documentairement » des inscriptions préexistantes, il se sert, au maximum, de la signification sociale de ces inscriptions. La forme des lettres est donc celle de la « Série noire » (séquence des livres dans *Une femme est une femme*), ou de la collection « Idées-Gallimard » (dans les intertitres de *Deux ou trois choses que je sais d'elle*). Cependant, ce sens social de la lettre est dévié au profit d'un sens second, celui du film, qui à la fois exploite et nie l'inscription citée. Les mots tronqués sont là pour

Mise en place d'un monde réifié, *Deux ou trois choses que je sais d'elle.*

confirmer ce dire. Aux slogans de la société industrielle, Godard oppose les slogans tirés d'auteurs divers et écrits à la main. Ces graffiti, ces lettres intimes, ces notes jetées dans « le beau milieu » du film vont dans le sens d'une autre valeur de l'écriture liée à l'expression de la personnalité, en tout cas de la non-conventionnalisation de l'écriture. Les lettres électroniques de *Numéro deux* amorcent sur d'autres jeux de mots, significatifs au sens où l'entend Freud avec « le mot et ses rapports avec l'inconscient ».

« Godard est peut-être, de façon personnelle, un des rares poètes (sur)réalistes contemporains. » C'est cette correspondance avec certains procédés d'écriture du « Paysan de Paris » que souligne Aragon dans sa louange de Godard.

Depuis, la lettre prend de plus en plus d'importance par rapport à l'image. Les graffiti couvrent, maculent, une image que Godard condamne

parfois à la plus éprouvante des paralysies. Sur une image fixe, les mots se forment, sans le moindre souci de la belle écriture. Ils accusent, dénoncent, enseignent. On rature, on corrige, on dessine, on explique par des flèches ou par des traits qui soulignent. On barbouille, on salit. Les exemples abondent dans toute la production militante. *Le gai savoir, Cinétracts, British Sounds, Pravda, Luttes en Italie.*

Ici et ailleurs marque une sorte de sommet dans cette rencontre entre l'écrit et l'image. La manière de filmer le mot ET et le mot OU crée toute la dynamique du film, en amenant une de ces conclusions : il y avait autre chose à faire que le massacre des athlètes israéliens aux Jeux Olympiques ; il aurait été plus efficace de montrer des images d'un peuple assassiné. Devant les deux milliards de spectateurs.

Révolution arabe ET Révolution française, Victoire ET Échec, Être ET avoir, Espace ET Temps, Rêve ET

Réalité, etc. Puissant OU Misérable, Normal OU Fou, Toujours OU Jamais, Homme OU Femme...

D'autres lettres, d'autres mots viennent s'inscrire sur l'écran, fixes ou clignotantes, KiSSinger avec deux SS comme **SS**. Kill Kiss Singer **SS** Singer.

Quant à Golda Meir, la mémé déjà grosse de Begin et de Sharon, elle paraît en photo, à côté de la photo d'Hitler.

Et ou *ou* ? La réponse vient vite. Le mot *Israël* s'inscrit sur cette association jadis sacrilège. Le mot *Palestine* vient alors chasser le mot *Israël*, comme une promesse de victoire sur les anciennes victimes devenues bourreaux.

Alpha 60 : Savez-vous ce qui transforme la nuit en lumière ?
Lemmy Caution : la poésie.
— Quelle est votre religion ?
— Je crois aux données immédiates de la conscience.

— Est-ce que vous faites une différence entre les principes mystérieux de la connaissance et ceux de l'amour ?
— A mon avis, justement, en amour il n'y a pas de mystère.
— Vous ne dites pas la vérité, vous dissimulez quelque chose.
— J'admets que je pourrais avoir des raisons de mentir. Mais comment faites-vous pour différencier le mensonge de la vérité ?
— Vous dissimulez...
(Dialogue entre un ordinateur et un homme) dans *Alphaville*

Le petit écran illuminé

Le travail expérimental allait continuer avec les deux séries télévisées *Six fois deux, Sur et sous la communication* et *France, tour détour, deux enfants*. La série *Six fois deux* a été présentée à de très bonnes heures d'écoute, le dimanche à 20 h 30 sur FR3. Bravo. Du dimanche 25 juillet 1976 au dimanche 29 août... « pour boucher les trous d'une télévision partie en vacances ».

La direction de FR3 avait toutefois pris ses distances. Le gag était formulé en ces termes : « Cette émission n'offre pas les caractéristiques techniques habituelles à nos programmes. Mais la méthode d'enregistrement elle-même fait partie de l'essai tenté par l'Institut national de l'Audiovisuel. C'est pourquoi nous n'avons pas cru être, pour une expérience, intransigeants sur la qualité technique. »

Si seulement Jean-Luc Godard avait pu filmer les rencontres, les discussions, les palabres qui ont présidé à l'établissement de ce beau texte. Un sujet aussi fécond que le spectacle du ministre Alain Peyrefitte, régnant sur la commission de censure et décidant de transformer LA *femme mariée* en UNE *femme mariée*. Privilège de l'homme de lettres.

Effectivement, ce sont des ébauches très riches qu'il faut avoir vues pour mieux approcher la genèse de chefs-d'œuvre comme *France tour détour, deux enfants, Sauve qui peut la vie, Lettre à Freddy Buache* et *Passion*. Là encore, il fallait repartir à zéro et braver les fabriquants d'habitudes de

perception. Il fallait oser et Claude Jean Philippe rapporte ces phrases que Jean-Luc Godard lui a décochées « un jour d'orage » : « Tout le monde demande du changement. Un endroit où l'on pourrait changer quelque chose, c'est la fabrication d'images et de sons. Pour la bonne raison que ce n'est pas un meuble à déplacer, c'est quelque chose d'autre qui bouge, c'est plus instable. Ça peut changer. C'est le seul endroit où l'on peut changer quelque chose. C'est le seul endroit où ça peut se faire, et c'est le seul endroit où ça ne se fait pas. »

Dans la toute première émission, Jean-Luc Godard s'initie à la maïeutique qui fera merveille dans *France tour détour, deux enfants*. Selon le principe de la caméra silencieuse derrière le pilier, il joue le rôle du patron recruteur et interroge les chômeurs convoqués pour un emploi. Son intention est de faire parler les « autres », ceux qu'on ne voit jamais à la télévision ou qu'on interroge pour obtenir des réponses connues d'avance. Par exemple, une femme de ménage découvre un nouveau sens du mot travail : « J'ai travaillé onze ans chez les bourgeois ; je ne vois pas les choses de la même façon parce que j'ai travaillé chez les bourgeois. » Le cheminement de la maïeutique l'amène à chanter l'« Internationale », « une chanson de chômeurs »... avec un vers qu'elle ne connaît pas « Producteurs sauvez-vous vous-mêmes... »

Jean-Luc Godard fait découvrir le sens du mot *souder* à un jeune immigré, lui-même soudeur. « Souder, c'est rassembler deux pièces, relier une pièce à l'autre, et que ça tienne... » Jean-Luc Godard se présente aussi comme un soudeur. Un soudeur d'images. Il enchaîne : « Vous, vous êtes soudés au chômage. » Mais il ne faut pas rester au niveau du bon mot, du mot d'auteur comme on disait jadis. Passons au concret. Jean-Luc Godard demande à l'ouvrier ce que fait la main quand elle soude. Pour expliquer son geste le soudeur mime avec des objets. La règle devient un chalumeau et le paquet de cigarettes devient la pièce à souder.

« On chauffe, et ça tient.
— Comme ça ? s'inquiète Jean-Luc Godard, tout seul ?
— Non, il faut une baguette qui fonde et soude. »

Alors, après avoir mis à jour les conditionnements auxquels ce jeune ouvrier n'a pu échapper, il lui demande d'écrire le mot *chômage*. Écrire, c'est souder. Le crayon, c'est le chalumeau. On soude alors le cahier et les lettres par l'intermédiaire de l'ordre des lettres. Le jeune soudeur à qui Jean-Luc Godard a fait écrire le mot *chômage* dans tous les sens découvre que « la baguette, c'est l'ordre de l'écriture ».

L'entretien se termine par cet échange bien révélateur :
« Il y a plus de chômeurs que de patrons, dit Jean-Luc Godard. Les patrons sont les ennemis des chômeurs. Pourquoi, s'il y a plus de chômeurs que de patrons, les chômeurs ne prennent-ils pas les usines ?
— On peut pas... *Parce que les usines c'est aux patrons.* »

Chaque programme se compose de deux émissions. Une première « relativement élaborée » qui aborde les problèmes (sur et sous la communication) aussi divers que le chômage, le travail, le sens des mots, la photographie, le couple. La seconde, « d'une forme simple », est constituée d'interviews ou dialogues laissés en longueur, sans montage qui éliminerait les silences ou les hésitations de la première partie. C'est ainsi qu'on entend Louison, un agriculteur qui parle de ses problèmes longuement et authentiquement. Le téléspectateur n'a pas l'habitude d'un tel discours. Jean-Luc Godard en a conscience lorsqu'il inscrit sur l'image l'avertissement :

« Oh Toi, spectateur
Peut-être que tu en as marre
L'orateur parle trop
N'oublie pas qu'il dit vrai. »

Marcel, cinéaste amateur, nous dit comment « il travaille à ses désirs ». La cuisson d'un œuf nous renvoie à une réflexion sur les causes internes et externes de la dialectique marxiste, on apprend que l'enfant au sein est un prisonnier politique. On entend aussi « Jean-Luc », après une passionnante leçon de choses qui était plutôt une leçon de sens et de glissement de sens, poser le problème de l'usage de la télévision. Comment se servir de cet instrument du pouvoir sans se compromettre ? En faire une arme qui se retournerait contre les oppresseurs. Par exemple, si la télévision du pouvoir ne fait pas de plans longs, c'est qu'il y a des raisons. Donc, en prenant le contre-pied de cet usage, Jean-Luc Godard laisse ses invités parler jusqu'au bout. Démarche empirique, certes, comme il le fait remarquer : « Faisons-le et on verra bien ce qu'il en résultera. » Voilà donc le véritable sens du cinéma expérimental, qui fait dire à Joël Magny avec une grande justesse : « Il est évident que nous avons affaire à une expérience unique à la télévision dont l'intérêt n'est pas dans la signature de l'auteur, mais dans l'intransigeance d'une démarche qui nous oblige à considérer l'acquis, à nous interroger, sur tout, sur l'image et le son, et à partir de là, sur la société tout entière traversée d'images et de sons. »

Après ces brouillons de génie, il suffira d'oublier ce qui entrave la démarche, d'épurer, de sélectionner et systématiser pour réussir la magnifique série *France tour détour, deux enfants.*

---

*J.-L. G : « La vérité, ça existe ?
Arnaud, le petit garçon de* France tour détour, deux enfants : *Ça, c'est évident. »*

L'indicatif des douze émissions précise les intentions. Camille et Arnaud, les deux enfants, sont aux commandes techniques. Les instruments de prise de son et l'objectif de la caméra se sont mis à leur service. L'outil cesse d'être manipulé par des professionnels aux ordres d'un message dogmatique, l'outil leur appartient, même si les enfants se contentent de simuler le savoir technique, pour les besoins d'un générique.

Chaque « mouvement » évolue alors selon une structure précise. Un court prologue à effets techniques, le thème de l'émission vu à travers le comportement des « monstres », un exercice de maïeutique (à deux exceptions près), les commentaires de deux présentateurs, et une histoire. Chaque fois, les mots clés interviennent sous forme d'impact visuel, avec trois apparitions privilégiées : *vérité, télévision, histoire.* Une trilogie de l'essentiel.

D'abord le court prologue. Répétitif dans ses effets. On y voit Camille et Arnaud dans une occupation liée à une heure précise de la journée. Leurs gestes sont soudain altérés par un ralenti, une décomposition de mouvements, un arrêt sur l'image. Comme si la caméra nous demandait de ne pas céder tout de suite à l'illusion de réalité, comme si elle tenait à se définir d'emblée comme un outil. Un outil qui entreprend une découverte et qui retrouve les préoccupations des grands inventeurs qui vinrent avant les frères Lumière. Le docteur Marey, par exemple, qui décompose le vol des oiseaux ou la marche de l'homme à travers l'objectif de son fusil chronophotographique, ou Muybridge qui met en évidence les différentes phases d'un mouvement. C'était l'âge des bricoleurs de génie, celui des pionniers et des découvreurs. J'ignore si Jean-Luc Godard a pensé à un tel parrainage, toujours est-il que cette manière de dévoiler l'outil y fait penser. Et maintenant la technique se met à la recherche d'une vérité.

Les monstres. Les adultes. D'abord vus comme des atomes de la société, dans l'anonymat le plus parfait. Ce sont les conditionnés, les aliénés, les manipulés, les immatriculés. Ils sont fiers de leur culture et de leur technologie. Yeux et oreilles bouchés. Ils se contentent de leur petit bonheur et se sont laissés avoir par le capital, le confort, la télévision, la sécurité, le salaire, le pouvoir, les idéologies. Visiblement, Jean-Luc Godard ne peut plus rien pour eux. Ou pas grand-chose. Il va de soi que leurs préférences artistiques iront à l'audition du « Théâtre ce soir » ou de Michel Drucker. Et non aux émissions novatrices que leurs habitudes de perception les

Arnaud et le mouvement, *France, tour détour, deux enfants.*

Camille et le regard, *France, tour détour, deux enfants.*

empêchent de découvrir. Ce sont leurs aveuglements et leurs errements qui serviront de tremplin aux investigations d'un Jean-Luc Godard dont on n'entendra que la voix lorsqu'il interroge les deux enfants.

Donc, la vérité, il faut la chercher ailleurs. Pas chez ceux qui savent, ou qui croient savoir, c'est-à-dire les dogmatiques. Il faut la chercher chez ceux qui ont encore des oreilles pour entendre ou des yeux pour voir, dont le pouvoir d'étonnement est intact. Chez les enfants.

Alors, Jean-Luc Godard, en antithèse de l'activité des monstres, interroge Camille et Arnaud. Il les confronte au pouvoir des mots. Il réhabilite le « oui » et le « non » qui cessent d'être des termes définitifs aux agressions du dogmatisme. Il en fait les jalons du chemin de la découverte, et les introduit dans le camp de la compréhension. La démarche devient passionnante, tandis que la vérité passe par l'exploration des mots.

Prenons un exemple. Celui du début du film. Avant toute découverte, Jean-Luc Godard postule l'obscurité, les ténèbres. Il commence donc son émission par l'approche du mot *obscur*. A l'origine, il y a le soir, la nuit. Les monstres circulent dans leurs voitures aux phares allumés, dans un paysage industriel sinistre. Lorsque le mot *vérité* s'inscrit sur l'écran, il préfigure le premier exercice de maïeutique.

Il s'agit alors d'aller vers le sens d'un mot, de démasquer une pluralité de significations, de jouer sur les mots ou de découvrir un paradoxe. Le tour des mots de deux enfants. (Pour pasticher le célèbre livre de Georges Bruno.) Et leurs détours, car tout n'est pas si simple, on le verra quelquefois quand la maïeutique commence à piétiner.

Le tour des mots commence par une interrogation sur la réalité. La chambre. Ce qu'il y a dans la chambre : les objets. Et Camille. Et le miroir qui renvoie l'image de Camille. L'image est-elle une réalité ? Jean-Luc Godard parvient à faire établir une distinction entre l'image-reflet et l'image mentale. L'image de Camille, unique dans le miroir, peut se dédoubler ou se multiplier à l'infini si beaucoup de personnes évoquent l'image de Camille. Et voici la petite fille saisie par l'énigme du moi, sa solitude et son unité. Une digression lui fait expérimenter le doute, et Camille accède à la notion d'existence, dans la clarté du cogito cartésien. Elle découvre que la clarté est liée à la conscience d'exister, que le critère du vrai est précisément cette luminosité. Comme on le voit, ce n'est pas le genre de questions qu'on pose aux enfants. Nous assistons à un éveil. A une ascèse.

Lorsque le mot est traqué dans ses derniers retranchements, deux présentateurs interviennent. Leur discours est mal assuré : « Et je pense que... je pense maintenant qu'il faudrait une histoire. Je ne veux pas dire une histoire à elle (ou à lui), pas une histoire qui viendrait d'elle (ou de lui), mais elle (ou lui) qui viendrait d'une histoire... »

Ici, l'histoire du passage de l'obscur à la lumière. Le ventre tendu d'une future maman et un bébé. Soit l'histoire d'un début. Au même titre que la découverte du « j'existe » ou que le rôle de l'image dans l'élaboration de l'art cinématographique.

Et maintenant la progression de ces douze « mouvements » se fait par le jeu heuristique de la dialectique. Avec Arnaud, on parlera de la *lumière*. Les monstres eux aussi sortent de l'obscurité. La caméra les surprend émergeant d'une bouche de métro, avec effet de contre-jour. Il est huit heures. Les monstres se mettent au service de l'exploitation industrielle et militaire. La notion de lumière hante pourtant leur définition puisque « la faible luminosité d'un salaire honnête suffit à diriger leurs pas ». Arnaud, lui, va à l'école. Il s'arrête et répond aux questions. Les formules les plus simples (« la lumière est-elle droite ou courbe ? ») sous-entendant la querelle

de l'hypothèse corpusculaire et de l'hypothèse ondulatoire, et leur réconciliation dans la mécanique de de Broglie. Mais bientôt, la maïeutique rate. Elle tourne court. Et Jean-Luc Godard a l'honnêteté de laisser la séquence telle quelle. L'histoire que raconte le présentateur rétablira la situation. C'est l'occasion d'une séquence admirable sur le rapport temps-lumière alors qu'un papier-photo trempe dans le bain d'un révélateur, séquence que j'ai décrite dans le chapitre 3 de ce livre.

C'est ainsi que l'outil-vidéo avance dans la découverte où la leçon de mots se métamorphose en leçon de choses. La fin d'un « mouvement » ouvre une nouvelle interrogation. Jean-Luc Godard avance par sauts dialectiques. Le *connu* et *l'inconnu. La géographie et la technique.*

Magnifique transition, le troisième « mouvement » commence par un plan de métro. Des voyants *lumineux* indiquent la direction à prendre, imposent l'itinéraire. Maintenant Camille découvre les trois dimensions, la valeur et la tyrannie du plan, le sens d'un quadrillage. La notion de plan conduit à celle de programme. A l'histoire des amis allemands qui se demandent comment donner un sens révolutionnaire à la prise d'otages.

Quand Jean-Luc Godard aborde *l'inconnu,* il fallait délibérément une entorse à la structure de chaque mouvement. Cette fois il renonce à l'interrogatoire et laisse parler le réel. La caméra filme en gros plan Arnaud pendant la leçon de lecture. Document terrible. C'est la maîtresse qui interroge les enfants. Cela consiste à reconstituer un récit, avec des trous qu'il convient de combler avec certains mots. L'appel de la « bonne réponse ». Toute réponse qui ne convient pas à l'itinéraire pédagogique est vivement évacuée. C'est le contradictoire de la méthode d'interrogation de Jean-Luc Godard dont on comprend mieux toute la valeur. La lecture se fait par relais, comme pour une course avec témoin. Et le passage du relais équivaut à une délicieuse libération que la caméra saisit dans toute sa force. Arnaud vit devant nous son ennui et sa

distraction rêveuse... Encore un grand moment de télévision, implacable dans sa simplicité extrême. Par la suite, l'itinéraire des deux enfants passe par les mots *violence, grammaire, désordre-calcul, pouvoir-musique, roman-économie, réalité-logique, rêve-morale.* Chaque fois, la progression se fait en filmant le pouvoir des mots, leurs glissements de sens, leurs ambiguïtés, leur agressivité. L'approche de leurs significations débouche sur un constat subversif. Comme cette admirable variation sur le mot reproduction alors qu'une secrétaire enceinte, toute nue, prend les ordres dictés par le patron. La femme et la production. Dans le travail et dans la biologie.

On n'en finirait pas de répertorier les étonnantes trouvailles de cette émission hors série. Camille punie, copiant ses ineptes cinquante lignes, et découvrant la violence de la grammaire et du format du papier d'écolier. Arnaud en face d'un million en billets de banque. L'audition du disque de Mozart avec la découverte des rapports entre le son et l'image. Arnaud, en face d'un film de James Bond, qui comprend le vrai sens de la scatologie. Et Camille, seule, au moment du repas, alors qu'elle est cernée par les conversations des adultes. Au passage, quelques vérités que le dogmatisme politique n'aime pas entendre, comme « les bonnes blagues » de la gauche au moment des grandes espérances de 68 et de 78. Tout cela aboutit à un moment exceptionnel. Sur une chanson de Léo Ferré, la caméra cadre Richard, un monstre. Le seul monstre qui échappe à l'anonymat. Il boit un coup au comptoir d'un bistrot. Sur son visage et sur son sourire triste, un peu forcé, on peut lire toute la détresse d'une vie marquée par la désillusion, la trahison, la solitude. La désespérance même. Petit Arnaud et petite Camille deviendront grands. Pourvu que Travail, Industrie, Police, Agriculture, Religion ne leur prêtent vie...

Le grand écran transfiguré

C'est cette désespérance qui habite le personnage central de *Sauve qui peut* (la vie). Et comme par absence de hasard, il se nomme Godard. Paul Godard. L'allusion autobiographique crève l'écran. Le personnage incarné par Dutronc est une sorte de Pierrot le fou de l'audiovisuel irrémédiablement traumatisé par les deux morts de l'espérance, en 1968 et en 1978. Dans un film qui voit la prise de pouvoir du langage vidéo sur le grand écran du cinématographe, Godard jette un impitoyable regard cynique sur une Suisse de carte postale. C'est un décor pastoral. Le ciel est bleu, la campagne est verdoyante. Des veaux idylliques contemplent l'arrière-train d'une jolie fermière écologiquement exhibitionniste. Mais c'est cette Suisse qui, selon Jean-Luc Godard, « recueille tout l'argent du monde, aussi bien du Front Polisario, que de l'Irak et des tortionnaires argentins. Beaucoup d'ignominie et d'abjection sont transportées par cet argent... » Le paysage sert de façade touristique à une réalité méprisable que Jean-Luc Godard explore avec la minutie d'un peintre du mouvement. Nous suivons l'errance désespérée de Paul Godard en détaillant les multiples agressions dont il est l'objet, que ce soient les vocalises d'une cantatrice, les propositions empressées d'un domestique homosexuel, les protestations d'un spectateur ignare qui se plaint de l'absence de son dans *Lumières de la ville*, pour ne citer que les agressions les plus secondaires. Le film se construit autour de quatre « mouvements » : l'imaginaire, la peur, le commerce et la musique.

L'imaginaire, c'est l'illusion castratrice d'une adepte de la bicyclette écologique. Elle croit trouver un refuge ou une cause dans ses randonnées sur deux roues : « Dans mon esprit, confie Jean-Luc Godard, c'était ce qui restait du gauchisme. Disons que plus elle pédale plus fort, moins elle avance vite. » La peur, c'est celle d'un monde d'agressions et d'institutions décadentes figées. Et Jean-Luc Godard en profite pour rendre hommage aux pionniers de formes d'expressions nouvelles, à ceux qui essayent de sortir des routines et des complaisances sclérosantes. Il les symbolise par la voix de Marguerite Duras, présente et invisi-

ble, et à laquelle il adresse le meilleur des compliments. Le commerce, ce sont les rapports d'humiliation décidés par la puissance de l'argent. C'est l'occasion de regarder travailler Isabelle, prostituée sur laquelle le cinéaste pose le regard de l'enquêteur objectif. La séquence pornographique, réglée comme un travail à la chaîne, prend valeur de parabole. La véritable pornographie ce n'est pas l'assemblage de corps dénudés, ni les exclamations obscènes voulues par la bande son. Non, la pornographie réside dans les rapports d'exploitation et d'humiliation de l'homme par l'homme, à travers l'aliénation à l'argent. Même la fillette qui réclame à son père une partie de la pension alimentaire comme « son petit cadeau... » Le commerce, c'est l'aliénation de tous les salariés dans un rapport de force auquel nul n'échappe. On est toujours l'exploiteur de quelqu'un, à l'image d'Isabelle, rossée par ses « protecteurs » et qui devient la proxénète de sa petite sœur qui débute dans le métier. Enfin, la musique, c'est la mystification de l'œuvre d'art, l'accompagnement factice qui souligne l'illusion. Jean-Luc Godard nous en montre l'imposture sous la forme d'un orchestre de rue qui joue, comme par hasard, près de l'endroit où une voiture viendra écraser Paul Godard. Pour la petite histoire, il faut noter que la trouvaille n'est pas nouvelle car cette démystification existait déjà dans les *Branquignols* de Robert Dhéry et surtout dans *Le shérif est en prison* de Mel Brooks.

Enfin, tout au long de ce constat nihiliste de toutes les faillites, une omniprésente question se pose, concernant l'artifice du mouvement cinématographique. On pourrait même dire que *Sauve qui peut (la vie)* est un film sur le mouvement. Les personnages vont toujours d'un point à un autre, ils se rencontrent, s'éloignent, se télescopent, se frappent ou se fuient. Il arrive même que, par une technique de décomposition au ralenti, la caméra fixe l'éphémère totalité de l'instant. Godard définissait jadis le cinéma comme « Vingt-quatre fois la vérité par seconde » (dans *Le petit soldat*). Ici, il dirait plutôt qu'il y a vingt-

quatre vérités par seconde. Et il choisit d'en isoler quelques-unes, ce qui donne un relief extraordinaire à certaines expressions de visages ou de corps.

On peut alors considérer *Passion* comme une sorte d'aboutissement de toutes ces recherches, de tous ces acquis, de toutes ces remontées aux sources, de tous ces redéparts à zéro qui transfigurent l'héritage de la cinéphilie. L'apport immense de Jean-Luc Godard et de ses amis, c'est d'avoir amené le cinéma à ne plus revendiquer sa spécificité et à lui faire accepter un compromis salutaire avec la photographie, le texte écrit, l'art pictural, la télévision et la vidéo. Paradoxalement, *Passion* est un chef-d'œuvre qui ne correspond plus à l'esthétique du chef-d'œuvre, c'est-à-dire du produit d'un maître qui détient pouvoir et vérité. Ce film ressemble à l'œuvre, une sorte de forme en mouvement qui sollicite le spectateur pour l'associer à l'effort de création. Il appartient à chaque spectateur de renoncer à des préjugés qu'on croyait indéracinables, de sortir de sa passivité hypnotique pour découvrir des images et des sons avec un regard neuf, de les mettre en rapport et de les investir de sens. Il y a grande mutation dans l'amour du cinéma, pour une nouvelle cinéphilie.

Beau paradoxe. Le grand créateur est un grand destructeur. Et ce livre pourrait bien se terminer ici. Sans le mot FIN. Évidemment.

1 et 2. L'imaginaire et le commerce, *Sauve qui peut la vie.*

1

2

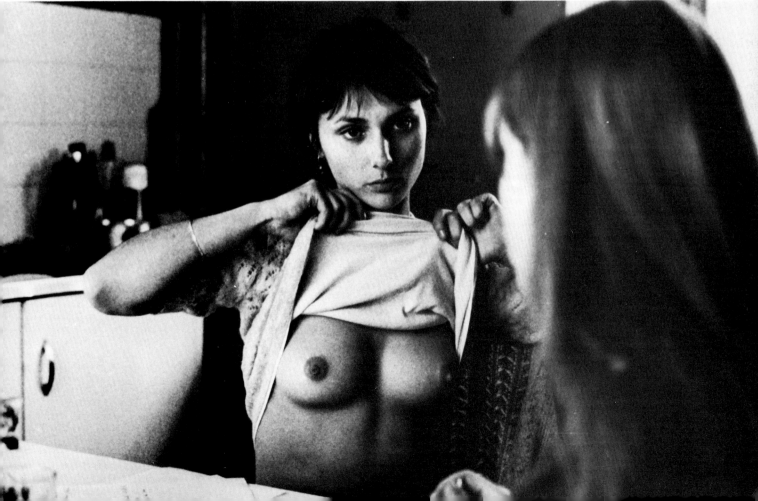

Prénom Carmen.

Avant le nom (le langage) des enfants jouent à Carmen

Enfin.

Ce dimanche 11 septembre 1983, Jean-Luc Godard reçoit la plus haute distinction d'un Festival redevenu prestigieux. Le jury de la Mostra de Venise décerne à l'unanimité le Lion d'or à *Prénom Carmen*. Raoul Coutard, vieux complice en chefs-d'œuvre, n'est pas oublié au palmarès puisqu'il reçoit le prix spécial pour l'image, tandis que Paul Musy, toujours pour *Prénom Carmen*, est distingué pour la qualité de la bande-son.

Le jury aurait d'ailleurs pu tout aussi bien accorder le prix de la meilleure interprétation à Jean-Luc Godard lui-même, omniprésent, devant la caméra, à côté de la caméra, derrière la caméra, dans la rencontre des deux pistes sonores, ou dans cette remarquable bande-annonce qu'il destinait aux festivaliers de Venise :

« Tout le monde connaît Carmen.
Mais son prénom.
Ce qui vient avant le nom.
Et ce qui vient encore avant.
Est-ce la musique ?
La musique qui annonce en général les catastrophes.
Annonce, dit le clapman, avant que s'élancent les acteurs.
Le film sera l'annonce faite à Carmen.
Elle a tout dit.
Elle n'a rien dit.
Les enfants vont jouer à Carmen ; comme autrefois Chaplin.
Car c'est vrai que c'est un film muet.
Un film qui serait devenu muet à l'annonce du parlant.

Des jeunes gens sourds à leur propre histoire.
Des gens d'aujourd'hui. »

« Faut chercher, faut chercher... » répète le cinéaste un peu déphasé que Jean-Luc Godard incarne avec génie. « Faut chercher... » comme Van Gogh en quête de la couleur jaune salvatrice. Jean-Luc Godard (Oncle Jeannot dans le film) joue un metteur en scène, dévoré par les agressions de la déformation professionnelle. Il aborde une situation nouvelle en mimant le clapman, confond volontiers une discussion avec un dialogue de film, met un magnétophone dans le frigo de son appartement vide et résume l'essentiel du message artistique en quatre mots tapés à la machine : « Mal vu, mal dit. » *Variety* et *Le Film français* font partie de sa panoplie de déplacement, et, au plus fort du scellement de l'intrigue, il arbore le livre de Robert Benayoun sur Buster Keaton.

Or, pour bien voir, donc pour bien dire, il faut d'abord retrouver le monde des sensations brutes. Dès les premières séquences, Jean-Luc Godard, dans sa chambre d'hôpital, frappe sur les choses et sur lui-même, comme s'il cherchait à les aborder sur le plan de la pure perception, alors que le langage n'est pas venu étiqueter chacun de ces éléments du réel.

Prénom Carmen est donc une invitation à remonter le cours du langage, à présenter une Carmen qui existerait avant la musique de Bizet, avant qu'elle devienne le mythe de la passion destructrice, avant que toutes les femmes s'appellent Carmen.

« Si tu m'aimes, t'es foutu.
— Oui, Carmen... »

Dans cette passionnante régression aux sources, Jean-Luc Godard nous offre l'inoubliable vision d'un Jean-Luc Godard cadré de près, tenant un combiné radiocassette à la manière d'une caméra aveugle, mais sonore. Tout mouvement a disparu de l'image, tandis que la cassette restitue les éléments de la gamme et des bruits à fortes connotations. Figé dans son attitude créatrice, Jean-Luc Godard fait « son » film. La recette est simple, et peut toujours servir : « Il faut fermer les yeux au lieu de les ouvrir. » *Prénom Carmen* est une initiation à ce film secret, il nous donne accès à ce monde de sons et d'images mentales.

Alors, c'est la musique de Beethoven, érigée en destin, qui fait lever les bruits, les mots et les situations. Elle guide le cours des choses. Elle annonce les catastrophes.

Tandis que les violonistes répètent les quatuors 9, 10, 14, 15 et 16, et qu'une musicienne cite quelques extraits des carnets intimes de Beethoven, les personnages s'aiment, se déchirent et se détruisent dans une étonnante tragédie burlesque.

En ce sens, l'attaque de la banque par la bande à Carmen restera un morceau d'anthologie, à l'égal et à l'opposé de cet autre grand morceau de cinéma que fut le hold-up dans *l'Argent* de Bresson. D'ailleurs un plan de *Prénom Carmen* (les mains sur le volant d'une voiture en attente) semble être un hommage direct au chef-d'œuvre de Bresson.

Prénom Carmen.

Ici, dans *Prénom Carmen,* tout le déroulement d'une attaque de banque est donné dans la plénitude de l'instant. Il y a ce qui précède : les clients et le personnel absorbés dans leurs comptes. Il y a l'essentiel : les échanges de coups de feu. Il y a aussi ce qui se passe après : la femme de ménage qui essuie les taches de sang. Mais Jean-Luc Godard condense toutes ces situations dans un seul regard, de sorte que la force émotionnelle est constamment contrariée par des attitudes banales devenues inadéquates ou incongrues.

Et c'est dans cet hyperréalisme piégé par le burlesque que Jean-Luc Godard nous assène la vision la plus fulgurante de l'amour fou, depuis *l'Age d'or* de Bunuel. Dans le chaos des détonations qui effrayent les enfants sans troubler,

outre mesure, les adultes survivants, Carmen et Joseph, soudainement tombés l'un près de l'autre, échangent aussitôt le baiser le plus inattendu et le plus passionné de toute l'histoire du cinéma.

Or, Joseph est un gendarme. Le rôle habituel du gendarme est d'arrêter les coupables. Il s'attache au poignet de Carmen. Voici nos deux héros dans une situation physique qu'avaient déjà connue les deux personnages principaux des *Trente-neuf marches* d'Alfred Hitchcock. A la différence près, que chez Hitchcock, les enchaînés n'avaient pas, comme ici, envie de pisser.

Mais la musique redresse aussitôt la barre et sauve le film des ornières de la vulgarité. La marche du destin

s'affirme, jalonnée par des signes liés au mythe : la fameuse habanera de Bizet citée deux fois par un figurant qui traverse rapidement l'écran, la rose rouge, et surtout l'insolante beauté de Maruchka Detmers, extraordinaire Carmen venue éclipser une Isabelle Adjani en rupture de chef-d'œuvre pour de fugaces étés meurtriers.

Et puis ces deux interrogations fondamentales, qui se répondent en cours de film et qui supplantent le célèbre « To be or not to be » de Shakespeare :

« Pourquoi est-ce que les femmes existent ? »...

Et, plus tard, comme un écho vénéneux :

« Pourquoi est-ce que les hommes existent ? »

Filmographie

OPÉRATION BÉTON

1954

20 mn, noir et blanc.
Production : Actua-Films Genève.
Scénario-commentaire : Jean-Luc
Godard. *Images :* Adrien Porchet.
Documentaire sur les travaux de
bétonnage au barrage en construc-
tion de la Grande-Dixence, en
Suisse.

UNE FEMME COQUETTE

1955

16 mm, 10 mn, noir et blanc.
Production : Jean-Luc Godard. *Scé-
nario :* Hans Lucas (alias J.-L.
Godard) d'après une nouvelle de
Guy de Maupassant, « Le Signe ».
Interprétation : Maria Lysandre (la
femme), Roland Tolma (l'homme).

Une jeune femme raconte par lettre sa stratégie amoureuse calquée
sur celle d'une prostituée.

TOUS LES GARÇONS S'APPELLENT PATRICK

1957

21 mn, noir et blanc.
Production : Les films de la Pléiade
(Pierre Braunberger). *Scénario :*
Éric Rohmer. *Images :* Michel
Latouche. *Montage :* Cécile Decu-
gis.
Interprétation : Anne Colette (Char-
lotte), Nicole Berger (Véronique),
Jean-Claude Brialy (Patrick).

Patrick drague successivement
Charlotte et Véronique. Les deux
amies soupirent déjà amoureusement jusqu'au moment où elles
découvrent qu'elles ont affaire au
même séducteur, en train d'entre-
prendre une troisième conquête.

CHARLOTTE ET SON JULES

1958

20 mn, noir et blanc.
Production : Films de la Pléiade.
Scénario : Jean-Luc Godard. *Ima-
ges :* Michel Latouche. *Montage :*
Cécile Decugis. *Musique :* Pierre
Monsigny.
Interprétation : Jean-Paul Bel-
mondo (Jean) avec la voix de Jean-
Luc Godard, Anne Colette (Char-
lotte), Gérard Blain (le nouvel ami
de Charlotte).

Charlotte revient chez son
ancien Jules. Celui-ci l'accueille en
la submergeant d'un long discours
à la fois amoureux et méprisant. Il
croit l'avoir reconquise, mais elle
lui annonce tout bonnement qu'elle
était revenue chercher sa brosse à
dents.

UNE HISTOIRE D'EAU

1958

18 mn, noir et blanc.
Production : Les films de la
Pléiade. *Scénario :* François Truf-
faut. *Réalisation :* François Truf-
faut, puis Jean-Luc Godard. *Ima-
ges :* Michel Latouche. *Montage :*
Jean-Luc Godard.
Interprétation : Jean-Claude Brialy
(le garçon), Caroline Dim (la fille).
Commentaire dit par Jean-Luc
Godard.

Une jeune fille fait de l'auto-stop
dans le décor des inondations d'Ile-
de-France. Elle rencontre un jeune
homme qui commente à sa
manière la vision de ces paysages
sous l'eau.

A BOUT DE SOUFFLE

1959

1 h 29, noir et blanc.
Production : Films Georges de
Beauregard, Société nouvelle de
Cinéma, Imperia. *Scénario :* J.-L.
Godard d'après un sujet de Fran-
çois Truffaut. *Conseiller techni-
que :* Claude Chabrol. *Images :*
Raoul Coutard. *Montage :* Cécile
Decugis, assistée de Lila Herman.
Musique : Martial Solal. *Son :* Jac-
ques Maumont. *Distribution :* Impe-
ria Films.
Interprétation : Jean Seberg (Patri-
cia Franchini), Jean-Paul Belmondo (Michel Poiccard), Daniel
Boulanger (inspecteur Vital), Henri-
Jacques Huet (Antonio Berrutti),
Roger Hanin (Carl Zubart), Van
Doude (Van Doude), Claude Man-
sart (Claudius Mansart), Liliane
Robin (Liliane), Michel Favre
(second inspecteur), Jean-Pierre
Melville (le romancier Parvulesco),
Jean Domarchi (le pochard),
Richard Balducci (Tolmatchoff),
André S. Labarthe (journaliste à
Orly), François Moreuil (photogra-
phe à Orly), Jean-Luc Godard (le
dénonciateur).
Prix Jean Vigo 1960. Prix de la meil-
leure mise en scène au Festival de
Berlin 1960. Prix de la photographie
à Raoul Coutard par la critique alle-
mande, 1960.

Michel Poiccard vole une voiture
sur le vieux port de Marseille. Il
quitte la ville et roule à vive allure
vers Paris. Il aime le risque et
n'hésite pas à doubler en haut des
côtes. Deux motards le prennent en
chasse. L'un d'eux réussit à le
rejoindre. Michel le tue.

Recherché par la police, sa
photo est à la « une » des journaux.
A Paris, il rejoint son amie Patricia,
une jeune Américaine qui vend le
« New York Herald Tribune » sur les

Champs-Élysées. Parallèlement,
Michel essaie de rencontrer une
personne qui lui doit de l'argent.
Michel trouve un refuge provisoire
dans la chambre de Patricia. Après
avoir interviewé le romancier Parvulesco à Orly, Patricia est interrogée
par l'inspecteur Vital qui lui
demande de collaborer avec la
police si elle veut garder son passe-
port. Reconnu par un passant,
Michel est obligé de se réfugier
chez un ami photographe. Au petit
matin, Patricia téléphone à la
police, puis revient dire à Michel de
s'enfuir. Il refuse de partir. La
police arrive. Il est abattu dans la
rue.

« C'est vraiment dégueulasse »,
murmure Michel avant de mourir.
Le policier traduit à Patricia : « Il a
dit, vous êtes vraiment une dégueulasse. » Mais alors : « Qu'est-ce que
c'est dégueulasse ? »

LE PETIT SOLDAT

1960

1 h 28, noir et blanc.
Production : Georges de Beaure-
gard, Société nouvelle de Cinéma.
Scénario : Jean-Luc Godard. *Ima-
ges :* Raoul Coutard. *Montage :*
Agnès Guillemot, Nadine Mar-
quand, Lila Herman. *Musique :*
Maurice Leroux. Interdit par la cen-
sure jusqu'en 1963. *Distribution
d'origine :* Imperia.
Interprétation : Michel Subor
(Bruno Forestier), Anna Karina
(Véronica Dreyer), Henri-Jacques
Huet (Jacques), Paul Beauvais
(Paul), Laszlo Szabo (Laszlo), Geor-
ges de Beauregard (chef activiste).

Bruno Forestier, déserteur français réfugié en Suisse, fait la connaissance de Véronica Dreyer, dont
il tombe aussitôt amoureux. Il
quitte Genève pour se rendre à un
mystérieux rendez-vous organisé
par des militants d'extrême droite.
On lui confie la mission d'exécuter
un journaliste de la radio, un
nommé Arthur Palidova. Bruno
hésite, puis regagne Genève.
Grâce à l'intimidation et le chantage, les extrémistes l'obligent à
accepter cette mission. Le manque
de décision de Bruno entraîne
l'échec de l'attentat. Enlevé par les
agents du FLN, il est séquestré et
torturé. Il parvient à s'échapper,
retrouve Véronica qui, en fait, travaille pour le camp adverse. Bruno
remplit sa mission. Il apprendra
plus tard que Véronica a été tortu-
rée à mort par les extrémistes français. Il ne lui restait qu'une chose :
apprendre à ne pas être amer. Mais
il était content, il lui restait beaucoup de temps devant lui.

UNE FEMME EST UNE FEMME

1961

1 h 24, Eastmancolor, Franscope.
Production : Rome-Paris Films
(Paris). *Scénario :* Jean-Luc-
Godard, d'après une idée de Gene-
viève Cluny. *Images :* Raoul Cou-
tard. *Montage :* Agnès Guillemot,
Lila Herman. *Musique :* Michel
Legrand. *Décors :* Bernard Évein.
Interprétation : Anna Karina
(Angela Récamier), Jean-Paul Bel-
mondo (Alfred Lubitsch), Jean-
Claude Brialy (Émile Récamier),
Marie Dubois (Suzanne), Nicole
Paquin (prostituée), Marion Sarraut
(id.), Jeanne Moreau (elle-même),
Catherine Demongeot.
Prix spécial du jury et prix de la
meilleure actrice (Anna Karina) au
Festival de Berlin 1961.

Angela Récamier est strip-
teaseuse dans une petite boîte
près de la porte Saint-Denis. Elle
s'est mis en tête d'avoir un enfant,
mais Émile Récamier, libraire pendant la semaine et coureur cycliste
le dimanche, aimerait retarder
l'échéance. Elle menace alors de
faire appel au premier venu, en
l'occurrence Alfred, leur ami, qui
accepterait volontiers de rendre un
tel service. Elle se refuse à Alfred,
mais laisse croire le contraire à
Émile. Pour avoir une chance d'être
le père, Émile s'exécute.
« Angela, tu es infâme.
— Non, je suis une femme »...

LA PARESSE

(Sketch des SEPT PÉCHÉS
CAPITAUX)

1961

15 mn, noir et blanc.
Production : Films Gibe, Franco-
London Films, Titanus (Rome). *Scé-
nario :* Jean-Luc Godard. *Images :*
Henri Decaë. *Montage :* Jacques
Gaillard. *Musique :* Michel
Legrand. *Distribution :* Consortium
Pathé.
Interprétation : Eddie Constantine
(lui-même), Nicole Mirel (la star-
lette).

Eddie Constantine sent une
grande fatigue l'envahir lorsqu'il
doit passer à l'action. Il va même
jusqu'à proposer un pourboire
royal à qui lui remettrait ses lacets
de chaussures. Une jeune et jolie
starlette entreprend de séduire
l'acteur paresseux. Mais insensible
aux attraits de son ravissant cul nu,
il hésite, avec la déprimante pensée qu'il faudrait ensuite se rhabiller.

VIVRE SA VIE

1962

1 h 25, noir et blanc.
Production: Films de la Pléïade. *Scénario*: Jean-Luc Godard. *Images*: Raoul Coutard. *Cadre*: Charles Bitsch. *Montage*: Agnès Guillemot. *Musique*: Michel Legrand. *Son*: Guy Villette.
Interprétation: Anna Karina (Nana), Sady Rebbot (Raoul), André S. Labarthe (Paul), Guylaine Schlumberger (Yvette), Gérard Hoffman (le chef), Monique Messine (Élisabeth), Dimitri Dineff (le type), Peter Kassowitz (jeune homme), Éric Schlumberger (Luigi), Brice Parain (le philosophe), Henri Atal (Arthur), Gilles Queant (homme), Odile Geoffroy (barmaid), Jacques Florency (spectateur), Paul Pavel (journaliste).
Prix spécial du jury et prix de la critique italienne au Festival de Venise 1962.
L'histoire de Nana en douze tableaux

1) *Un bistrot. Nana veut abandonner Paul. L'appareil à sous*
Nana et Paul discutent dans un bar, elle va le quitter ; ils jouent au billard électrique. Paul parle d'une rédaction d'enfant sur la poule « qui se compose d'un extérieur et d'un intérieur. Si on enlève l'extérieur, il reste l'intérieur. Et quand on enlève l'intérieur, on voit l'âme.

2) *Le magasin de disques. Deux mille francs. Nana vit sa vie.*
(En plan séquence) Nana vend un disque dans le magasin où elle travaille, essaye vainement de se faire prêter 2 000 francs et écoute le récit d'une publication du cœur dit par une autre vendeuse.

3) *Le concierge, Paul. La passion de Jeanne d'Arc. Un journaliste*
Expulsée de son appartement, Nana annonce à Paul qu'elle va au cinéma. Devant les images de Falconetti, elle pleure. Un journaliste lui propose de faire des photos.

4) *La police. Interrogatoire de Nana*
Nana répond aux questions du policier. On lui reproche d'avoir essayé de prendre un billet de 1 000 francs qu'une dame avait laissé tomber.

5) *Les boulevards extérieurs. Le premier homme. La chambre*
Les débuts de Nana comme prostituée.

6) *Rencontre avec Yvette. Un café de banlieue. Raoul. Mitraille dehors.*
Nana fait la connaissance de Raoul, le souteneur d'Yvette. On entend une chanson de Jean Ferrat (« Ma môme ») dans un juke-box.

7) *La lettre. Encore Raoul. Les Champs-Élysées*
Nana écrit une lettre pour trouver une place dans « une Maison » (filmé en durée réelle). Raoul la persuade de rester à Paris.

8) *Les après-midi. L'argent. Les lavabos. Le plaisir. Les hôtels*
Raoul répond aux questions de Nana en récitant des extraits de « Où en est la prostitution ? » de Marcel Sacotte (Éditions Buchet-Chastel).

9) *Un jeune homme. Luigi. Nana se demande si elle est heureuse*
Luigi essaye d'amuser Nana en mimant le gosse qui gonfle un ballon. Nana danse sur une musique de swing.

10) *Le trottoir. Un type. Le bonheur n'est pas gai*
Scènes de prostitution.

11) *Place du Châtelet. L'inconnu. Nana fait de la philosophie sans le vouloir*
Nana rencontre Brice Parain. Ils discutent du langage.

12) *Encore le jeune homme. Le portrait ovale. Raoul revend Nana*
Le jeune homme exprime son amour à Nana en lui lisant le « Portrait ovale » d'Edgar Poe. Raoul emmène de force le jeune prostituée pour la revendre à une bande rivale. Nana est tuée au cours de son échange contre une somme d'argent.

LE NOUVEAU MONDE
(Sketch de ROGOPAG)

1963

20 mn, noir et blanc.
Production: Lyre Film (Paris), Arco Film (Rome, Alfredo Bini). *Scénario*: Jean-Luc Godard. *Images*: Jean Rabier. *Montage*: Agnès Guillemot. *Musique*: Beethoven (quatuors 7, 9, 10, 14, 15).
Interprétation: Alexandra Stewart (Alexandra), Jean-Marc Bory (le narrateur), Jean-André Fieschi, Michel Delahaye et la voix d'André S. Labarthe.

Les journaux annoncent une super-explosion atomique au-dessus de Paris. Dehors, une brume masque le haut des monuments célèbres et les passants avalent des pilules. Dans cette atmosphère d'angoisse qui précède les grandes mutations, un homme s'abandonne au sentiment de jalousie en voyant s'éloigner celle qu'il aime. Il décide d'écrire ses impressions sur un cahier d'écolier.

LES CARABINIERS

1963

1 h 18, noir et blanc.
Production: Rome-Paris Films (Paris), Films Marceau (Paris), Laetitia Films (Rome). *Scénario*: Jean Gruault, Roberto Rossellini, d'après la pièce de Benjamino Joppolo. *Images*: Raoul Coutard. *Montage*: Agnès Guillemot. *Musique*: Philippe Arthuys. *Son*: Jacques Maumont. *Décors*: Jacques Fabre. *Distribution d'origine*: Cocinor.
Interprétation: Marino Mase (Ulysse), Albert Juross (Michel-Ange), Geneviève Galéa (Vénus), Catherine Ribeiro (Cléopâtre), Jean Brassat (un carabinier), Gérard Poirot (id.), Odile Geoffroy (la révolutionnaire), Barbet Schroeder (le vendeur de voitures), Jean Gruault (le père du bébé), Jean-Louis Comolli (le carabinier à l'anguille), Alvaro Gheri (3e carabinier), Catherine Durante (la femme du monde), Jean Monsigny (carabinier), Gilbert Servien (id.), Wladimir Faters (un révolutionnaire), Roger Coggio et Pascale Audret (couple dans la voiture).

Deux carabiniers recruteurs proposent à Michel-Ange et à Ulysse de s'enrôler dans les armées du roi. Ils partiraient à la guerre, feraient de beaux voyages et tout leur serait permis. Sur les conseils des femmes, Cléopâtre et Vénus, la mère et la fille, ils acceptent. Ils quittent leur baraquement sordide pour accomplir de nombreux exploits guerriers. Tandis que d'authentiques bandes d'actualités jalonnent leur parcours, et que des textes calligraphiés commentent leurs exactions, ils terrorisent, volent, tuent, fusillent les partisans et exterminent les concierges, avec la bonne conscience que donne le droit du combattant.
La guerre est finie. Les deux héros regagnent leur bicoque familiale. Cléopâtre et Vénus réclament avec impatience et cupidité le butin promis par les carabiniers. Les anciens combattants n'ont ramené qu'une collection de cartes postales qu'ils détaillent avec méthode. Une contre-révolution éclate. Les carabiniers sont à la recherche des criminels de guerre. Ulysse et Michel-Ange sont exécutés sommairement.
« Là-dessus, les deux frères s'endormirent pour l'éternité, croyant que le cerveau, dans la décomposition, fonctionne au-delà de la mort, et que ce sont *ses rêves* qui constituent le Paradis. »

LE GRAND ESCROC
(Sketch des PLUS BELLES ESCROQUERIES DU MONDE)

1963

25 mn, noir et blanc, Franscope.
Production: Ulysse Production, Primex Films, Lux CCF (France), Vides cinematografica (Italie), Toho-Towa (Japon), Caesar Film (Hollande). *Scénario*: Jean-Luc Godard. *Images*: Raoul Coutard. *Montage*: Agnès Guillemot. *Musique*: Michel Legrand.
Interprétation: Jean Seberg (Patricia Leacock), Charles Denner (l'escroc), Laszlo Szabo (l'inspecteur).

Patricia Leacock, journaliste américaine en reportage au Maroc, rencontre un bien curieux personnage : un escroc-philanthrope qui fabrique de la fausse monnaie pour faire la charité.

LE MÉPRIS

1963

1 h 40, Technicolor Franscope.
Production: Rome-Paris Films, Films Concordia (Paris), Compagnia cinematografica Champion (Rome). *Scénario*: Jean-Luc Godard, d'après le roman d'Alberto Moravia. *Images*: Raoul Coutard. *Montage*: Agnès Guillemot. *Musique*: Georges Delerue. *Son*: William Sivel. *Distribution d'origine*: Cocinor.
Interprétation: Brigitte Bardot (Camille Javal), Michel Piccoli (Paul Javal), Jack Palance (Jeremie Prokosch), Fritz Lang (lui-même), Giorgia Moll (Francesca Vanini), Jean-Luc Godard (l'assistant de Fritz lang), Linda Veras (la sirène).

L'écrivain Paul Javal accepte de remanier dans un sens plus commercial le scénario d'une adaptation de l' « Odyssée » que le réalisateur Fritz Lang tourne à Cinecitta pour le compte du producteur américain Jeremie Prokosch. Le montant du chèque fait taire ses scrupules.
Paul et Camille forment un couple uni, jusqu'au jour où le mari encourage sa femme à monter seule dans la voiture de sport du producteur. Camille se détache brusquement de lui et lui exprime son mépris au cours d'une longue scène de ménage dans leur appartement sommairement meublé.
Toute l'équipe du film part en tournage à Capri. Tandis que Lang, Javal et Prokosch confrontent leurs différentes interprétations de l'« Odyssée », Camille se laisse courtiser ouvertement par Prokosch. Paul Javal laisse la situation se dégrader jusqu'au moment où Camille décide de quitter son mari et de reprendre son ancienne profession de secrétaire. Elle accepte de regagner Rome en compagnie de Prokosch. Alors qu'on peut lire quelques mots de sa lettre de rupture, on entend un bruit d'accident. La voiture s'est écrasée contre un camion et les occupants sont tués sur le coup. Paul Javal quitte les lieux du tournage. Fritz Lang et son assistant Jean-Luc Godard règlent le tournage de la dernière séquence du film : le retour d'Ulysse qui aperçoit Ithaque, son pays natal.

MONTPARNASSE-LEVALLOIS
(Sketch de PARIS VU PAR...)

1964

16 mm, 18 mn, Ektachrome.
Production: Films du Losange (Barbet Schroeder). *Scénario*: Jean-Luc Godard, d'après une histoire que Belmondo raconte dans *Une femme est une femme* et trouvée dans *Les Contes du lundi* de Jean Giraudoux. *Images*: Albert Maysles. *Montage*: Jacqueline Raynal.

Interprétation : Johanna Shimkus (Monika), Philippe Hiquilly (Ivan), Serge Davri (Roger).

« Ce matin, dans *Paris-Jour*, il y avait une histoire marrante. Une fille qui était amoureuse de deux types en même temps. Elle leur envoie un pneumatique, pour leur donner rendez-vous, en Gare du Nord, et l'autre deux heures après, porte d'Italie. Elle va mettre les pneumatiques à la poste, et juste après les avoir mis... paf... Elle s'aperçoit qu'elle s'est trompée d'enveloppe. Par exemple, que la lettre où il y a marqué " Paul mon chéri " est dans l'enveloppe de Pierre... et réciproquement. Alors, elle est complètement affolée. Elle galope chez le premier type. Le pneumatique n'est pas encore arrivé. La fille dit au type : " Écoute, mon chéri, tu vas recevoir un pneumatique, ne crois pas ce qu'il y a dedans. " Il lui demande des explications, elle est forcée de tout dire. Finalement il la fout à la porte... quand il apprend qu'elle sort aussi avec un autre. Alors la fille se dit : " J'en ai perdu un, je pourrai toujours garder l'autre. " Elle traverse tout Paris, et galope chez le deuxième type. Mais le pneumatique était déjà là. Le deuxième type n'a pas du tout l'air fâché. Au contraire. Alors la fille lui dit : " Tu es gentil, toi, tu me pardonnes. " Il a l'air très étonné, mais ne dit rien. Alors elle lui raconte de nouveau toute l'histoire, car elle croit qu'il fait exprès de l'humilier avant de lui pardonner vraiment. Alors le deuxième type la fout aussi à la porte en lui montrant le pneumatique. Et la fille découvre alors... qu'elle ne s'était pas du tout trompée d'enveloppe. »
(Histoire racontée par Angela dans *Une femme est une femme*).

BANDE A PART

1964

1 h 35, noir et blanc.
Production : Anouchka Films, Orsay Films. *Scénario* : Jean-Luc Godard, d'après un roman de Dolores Hitchens, « Fool's Gold » (Pigeon vole). *Images* : Raoul Coutard. *Montage* : Agnès Guillemot. *Musique* : Michel Legrand. *Distribution d'origine* : Columbia.
Interprétation : Anna Karina (Odile), Claude Brasseur (Arthur), Sami Frey (Franz), Louisa Colpeyn (madame Victoria), Danièle Girard (le professeur d'anglais), Ernest Menzer (l'oncle d'Arthur), Chantal Darget (la tante d'Arthur), Michèle Seghers (une élève), Claude Makovski (id.), Georges Staquet (légionnaire), Michel Delahaye.

Paris en novembre. Au volant d'une vieille Simca, Arthur et Franz suivent des yeux une jeune fille à bicyclette. Ils la rejoignent dans un établissement pour cours du soir.

Odile leur a révélé qu'une vieille dame ne ferme pas à clé le placard où se trouve une grosse somme d'argent.
Le trio va repérer les lieux et fixe l'opération pour le surlendemain. Mais une indiscrétion de Franz a mis l'oncle d'Arthur sur la piste du magot. Avec l'aide d'un ancien légionnaire, le vieux gangster non repenti a vite fait de connaître les intentions de son neveu. Craignant que l'oncle ne les devance, le trio décide d'avancer le coup d'une journée. Mais Odile, Arthur et Franz sont plus capables de battre le record de vitesse de visite du Louvre que de forcer une porte fermée. Ils doivent donc remettre au lendemain ce qu'ils n'ont pas su réussir le jour même.
L'agression tourne mal. La vieille dame meurt étouffée par un bâillon et Arthur, surpris par le légionnaire, est tué. Franz et Odile, qui ont récupéré une partie de l'argent, ne s'estiment pas coupables. D'après ce que sait Odile, cet argent a été volé par un ami de la vieille dame. Ils décident de partir vers le Sud pour une nouvelle vie. Un bateau s'éloigne sur la mer. Le commentaire dit qu'on racontera dans un autre film les « aventures de Franz et d'Odile dans les pays chauds ».

UNE FEMME MARIÉE

1964

1 h 35, noir et blanc (ainsi que blanc et noir, suivant censure).
Scénario : Jean-Luc Godard. *Images* : Raoul Coutard. *Cadre* : Georges Liron. *Montage* : Agnès Guillemot et Françoise Collin. *Son* : René Levert, Antoine Bonfanti, Jacques Maumont. *Musique* : Beethoven (extraits des quatuors nos 10, 7, 14, 9 et 15), Claude Nougaro (La java) et une chanson de Sylvie Vartan. *Titre initial* : La femme mariée. *Titre après censure* : Une femme mariée. *Distribution* : Columbia.
Interprétation : Macha Meril (Charlotte), Bernard Noël (Robert, l'amant), Philippe Leroy (Pierre, le mari), Roger Leenhardt (l'humaniste), Rita Maiden (madame Céline), Margaret Le-Van (jeune fille de la piscine), Véronique Duval (deuxième jeune fille de la piscine), Christophe (Nicolas, le petit garçon).

Charlotte est mariée avec Pierre, un pilote de ligne. Elle a un amant, Robert, un acteur. Le film nous montre quelques moments d'une journée de cette femme mariée. Le générique précise qu'il s'agit « d'une suite de fragments d'un film tourné en 1964 ». Les personnages parlent librement, dans le style de l'improvisation. Quatre longs monologues (la mémoire, le présent, l'intelligence, la java) dits successivement par Pierre, Charlotte, Roger Leenhardt puis par

madame Céline qui fait la vaisselle, montrent bien que le film ne veut pas raconter une histoire suivie. Charlotte est surtout présentée dans le contexte précis de l'année 1964, avec de nombreuses références à la publicité, aux problèmes féminins, à la presse du cœur, à l'obsession de la sexualité. Au cours de cette journée, Charlotte apprend qu'elle attend un enfant. Elle doit prendre une décision importante. La fin du film la trouve aussi indécise qu'au début.
« C'est la femme mariée, observée d'un point de vue technique, si l'on peut dire. Comme un instrument de chirurgie, comme un instrument de menuiserie. Ce film est un documentaire sur les qualités, les défauts, les caractéristiques de cet instrument. Une femme mariée, c'est une autre femme. » (J.-L. G.)

ALPHAVILLE

(Une étrange aventure de Lemmy Caution)

1965

1 h 38, noir et blanc.
Production : Chaumiane Production (André Michelin), Filmstudio (Rome). *Scénario* : Jean-Luc Godard. *Images* : Raoul Coutard. *Caméra* : Georges Liron. *Montage* : Agnès Guillemot. *Musique* : Paul Misraki. *Son* : René Levert.
Interprétation : Eddie Constantine (Lemmy Caution), Anna Karina (Natacha), Akim Tamiroff (Henri Dickson), Laszlo Szabo (l'assistant), Howard Vernon (professeur Léonard Nosfératu, alias von Braun), Jean-André Fieschi (professeur Heckell), Jean-Louis Comolli (professeur Jeckhell), Alpha 60 (lui-même).

Lemmy Caution, agent secret, part en mission dans une étrange cité futuriste gouvernée par Alpha 60, cerveau électronique qui impose la dictature de sa logique. Lemmy Caution doit ramener dans les « planètes extérieures » le savant von Braun, alias Léonard Nosfératu, ou le supprimer en cas de refus. Sous le pseudonyme d'Yvan Johnson, journaliste à « Figaro-Pravda », il se met à la recherche d'un de ses anciens collègues, Henry Dickson, lamentablement échoué dans un hôtel miteux d'Alphaville. Il recueille son ultime message avant sa mort : « Poésie, tendresse. Détruire Alpha 60 par elle-même. Sauver ceux qui pleurent. » A travers le comportement de Natacha, la fille du savant, il découvre la tyrannie de la technocratie qui a gommé toute vie affective chez les Alphabètes. Les mots qui correspondent aux émotions ou aux sentiments sont bannis de la « Bible-dictionnaire ». Lemmy Caution assiste à un cours à l'Institut de sémantique, puis à une exécution-spectacle dans une piscine. Ceux qui ont utilisé des mots

interdits sont fusillés et achevés par les poignards de jolies naïades.
Après avoir subi avec succès l'interrogatoire mené par le robot, Lemmy Caution retrouve Natacha qui sent naître les premières manifestations d'une vie affective. L'agent secret parvient à se débarrasser de ses gardes du corps, il exécute d'Alpha 60. Les circuits d'Alpha 60 s'emballent et la machine se détruit elle-même en entraînant la mort par asphyxie des mutants privés de lumière artificielle. Dans sa superbe Ford Galaxie qui ramène Lemmy Caution et Natacha von Braun vers les « planètes extérieures », la jeune femme réinvente les mots proscrits : « Je vous aime. »

PIERROT LE FOU

1965

1 h 52, Eastmancolor, Techniscope.
Production : Rome-Paris Films (Georges de Beauregard) et Dino de Laurentiis Cinematografica (Rome). *Scénario et dialogues* : Jean-Luc Godard, d'après un roman de Lionel White (L'obsession). *Images* : Raoul Coutard. *Montage* : Françoise Collin. *Musique* : Antoine Duhamel. *Son* : René Levert. *Distribution d'origine* : SNC Impéria.
Interprétation : Jean-Paul Belmondo (Ferdinand Griffon), Anna Karina (Marianne Renoir), Graziella Galvani (Maria, femme de Ferdinand), Dirk Sanders (Fred, le frère de Marianne), Jimmy Karoubi (le chef des gangsters), Roger Dutoit (un gangster), Hans Meyer (un gangster), Raymond Devos (l'homme du port), Princesse Aïcha Abadie (elle-même), Samuel Fuller (lui-même), Alexis Poliakoff (le marin), Laszlo Szabo (Laszlo Kovacs), Jean-Pierre Léaud (le spectateur dans le cinéma), Pascal Aubier (id.), Christa Nell (spectatrice), Pierre Hanon (spectateur).

Ferdinand Griffon quitte la sinistre réception mondaine où il était invité. Il reconduit en voiture Marianne Renoir qui était venue garder ses enfants. Ferdinand et Marianne tombent immédiatement amoureux l'un de l'autre.
Au matin, ils quittent l'appartement de Marianne, encombré d'un cadavre et d'un ami que la jeune femme vient d'assommer. Le couple part loin de cette obscure histoire de trafic et de gangsters. Ils attaquent un pompiste pour se procurer de l'essence et vivent d'expédients. Pour déjouer les recherches de la police, Ferdinand (que Marianne s'obstine à appeler Pierrot) incendie la voiture qui contenait les nombreux dollars que Marianne cherchait dans son appartement.
Ferdinand et Marianne traversent la France, abandonnent une

voiture volée dans la mer et s'isolent dans la nature comme de nouveaux Robinson volontaires. Ferdinand continue à se passionner pour la lecture et écrit son journal. L'obsession de la mort se fait de plus en plus forte. Marianne s'ennuie.

Les deux amants reprennent leur errance. Ils gagnent un peu d'argent en mimant la guerre du Viêt-nam, ils dansent leur déclaration d'amour sur la pinède. Les gangsters, à la recherche des dollars, ont retrouvé Marianne. La jeune femme disparaît en laissant derrière elle un nouveau cadavre et une robe rouge. Ferdinand, aux mains des gangsters, est torturé dans une baignoire. Visiblement il ne sait rien, et il est relâché.

Resté seul, Ferdinand pense à se suicider, mais il ne va pas jusqu'au bout. Il trouve un petit emploi au service d'une princesse libanaise en exil. Le hasard lui ramène Marianne, en compagnie de Fred, qu'elle avait présenté comme son frère. Ferdinand replonge dans une nouvelle histoire de gangsters, de fusillades et de meurtres, tandis que Marianne s'enfuit définitivement avec Fréd.

Désespéré, Ferdinand écoute les confidences délirantes de Raymond Devos, retrouve Marianne et Fred, et les tue. Il se réfugie dans une cabane, prend des nouvelles de ses enfants par téléphone, se barbouille le visage de peinture bleue, s'entoure la tête d'un chapelet d'explosifs. Il allume la mèche, puis se ravise. Trop tard. Une explosion. La mer. Un poème de Rimbaud.

MASCULIN FÉMININ

1966

1 h 50, noir et blanc.

Production : Anouchka Films, Argos Films, Svensk Filmindustri Sandrews. *Scénario :* Jean-Luc Godard, d'après deux nouvelles de Maupassant très librement adaptées (« La femme de Paul » et « Le signe »). *Images :* Willy Kurant. *Montage :* Agnès Guillemot. *Musique :* Francis Lai, Mozart. *Distribution d'origine :* Columbia.
Interprétation : Jean-Pierre Léaud (Paul), Chantal Goya (Madeleine), Marlène Jobert (Élisabeth), Michel Debord (Robert), Catherine-Isabelle Duport (Catherine-Isabelle), Eva Britt Strandberg (l'actrice dans le film), Birger Malmsten (l'acteur dans le film), Elsa Leroy (Mademoiselle 19 ans), Chantal Darget (la femme dans le métro), Françoise Hardy (l'amie de l'officier américain), Brigitte Bardot et Antoine Bourseiller (un couple dans le bistrot).

Paul est amoureux de Madeleine, une jeune chanteuse plus soucieuse de la sortie de son premier disque que des sentiments sincères et démonstratifs de son copain. Paul milite contre la guerre du Viêt-nam, insulte volontiers les syndicats révisionnistes, inscrit les lettres « GO HOME » sur les voitures américaines. Il assiste à plusieurs faits divers, dont deux suicides.

Paul a fini par trouver du travail dans un institut de sondages. Il pose des questions toutes faites aux Français de 1966. L'interview de « Mademoiselle 19 ans » est particulièrement révélatrice des préoccupations d'une certaine jeunesse de l'époque.

Provisoirement hébergé chez ses copines, il réussit à se glisser dans le lit de Madeleine et d'Élisabeth.

Au commissariat de police, un fonctionnaire interroge les jeunes filles sur la mort accidentelle (?) de Paul. Il est tombé d'un échafaudage au cours de la visite d'un chantier. On apprend aussi que Madeleine est enceinte. Le policier lui demande ce qu'elle va faire. Elle hésite. Elle a entendu parler de tringles à rideaux. Elle hésite.

ANTICIPATION, OU L'AMOUR EN L'AN 2000

(Sketch du film LE PLUS VIEUX MÉTIER DU MONDE)

1966

Eastmancolor.

Production : Francoritz Films, Gibé, Rialto Films, Rizzoli Films. *Scénario :* Jean-Luc Godard. *Images :* Pierre Lhomme et Services de recherches du laboratoire LTC. *Montage :* Agnès Guillemot. *Musique :* Michel Legrand.
Interprétation : Anna Karina (Eleonor Romeovitch), Jacques Charrier (John Demitrios), Marilu Tolo (prostituée), Jean-Pierre Léaud (groom), Daniel Bart, Jean-Patrick Lebel.

Dans les décors naturels d'Orly et de Hilton Orly, un cosmonaute en transit et une prostituée-fonctionnaire de l'an 2000 redécouvrent le baiser.

La version primitive (présentée à quelques privilégiés du Festival d'Hyères) était conçue en couleurs expérimentales travaillées en laboratoire. La version en noir et blanc imposée par la distribution ne correspond absolument pas aux partis pris esthétiques qu'avait voulus Jean-Luc Godard. Il faut donc s'abstenir de tout jugement critique en face du film qui a été montré sur les écrans commerciaux.

MADE IN USA

1967

1 h 30, Techniscope Eastmancolor.

Production : Rome-Paris Films (Georges de Beauregard). *Scénario :* Jean-Luc Godard, d'après un roman de Richard Stark « Rien dans le coffre ». *Images :* Raoul Coutard. *Cadre :* Georges Liron.

Montage : Agnès Guillemot. *Son :* René Levert. *Musique :* Beethoven (Symphonie n° 5), Schumann (Symphonie n° 3), Mick Jagger, Keith Richard (« As Tears Go By »). *Son :* René Levert. *Distribution :* Lux Films CCF.
Interprétation : Anna Karina (Paula Nelson), Laszlo Szabo (Widmark), Yves Alfonso (David Goodis), Jean-Pierre Léaud (Donald), Jean-Claude Bouillon (inspecteur Aldrich), Kyoko Kasaka (Doris Mizoguchi), Ernest Menzer (Typhus), Éliane Giovagnoli (l'aide dentiste), Marianne Faithfull (une cliente du café), Rémo Forlani (l'homme au bar), Jean-Pierre Biesse (Richard Nixon), Sylvain Godet (Robert MacNamara), Roger Scipion (Dr Korvo), Isabelle Pons (journaliste), Miguel (dentiste), Marc Dudicourt (barman), Philippe Labro (lui-même).

« Comme je venais de revoir *Le grand sommeil* avec Humphrey Bogart, j'ai eu l'idée d'un rôle à la Humphrey Bogart qui serait interprété par une femme, en l'occurrence Anna Karina. J'ai voulu aussi que le film se passe en France et non aux États-Unis, et j'en ai relié le thème à un épisode marginal et lointain de l'affaire Ben Barka. J'ai imaginé que Figon n'était pas mort, qu'il s'était réfugié en province, qu'il avait écrit à sa petite amie de venir le rejoindre. Celle-ci le rejoint à l'adresse prévue et, quand elle arrive, elle le trouve vraiment mort. J'ai situé mon film en 1969, deux ans après les élections législatives de l'an dernier. Au lieu de s'appeler Figon, mon personnage s'appelle Politzer. On ne sait pas pourquoi il est mort et son amie va essayer de découvrir tout le passé de Politzer. Entre autres choses, elle découvre qu'il a été rédacteur en chef d'un grand hebdomadaire parisien qui s'est beaucoup agité autour de l'affaire Ben Barka. Elle-même, c'est-à-dire Anna Karina, a été reporter dans cet hebdomadaire. Par amour, elle est conduite à jouer les détectives. Puis elle est prise dans un réseau de policiers et de truands et elle finit par vouloir écrire un article sur l'affaire. Le film se termine par une discussion avec un journaliste — Philippe Labro — dans une voiture d'Europe n° 1. » (J.-L. Godard, dans le Nouvel Observateur n° 100 du 12-10-1968.)

DEUX OU TROIS CHOSES QUE JE SAIS D'ELLE

1967

1 h 30, Techniscope Eastmancolor.

Production : Anouchka Films, Argos Films, Les Films du Carrosse, Parc Film. *Scénario :* Jean-Luc Godard, d'après une enquête parue dans le Nouvel Observateur. *Images :* Raoul Coutard. *Montage :* Françoise Collin. *Son :* René Levert.

Documentaliste : Catherine Vimenet. *Distribution :* UGC.
Interprétation : Marina Vlady (Juliette Janson), Anny Duperey (Marianne), Roger Montsoret (Robert Janson), Jean Narboni (Roger, l'ami du couple), Christophe Bourseiller (Christophe), Joseph Gehrard (monsieur Gérard), Raoul Lévy (l'Américain), Héléna Bielicic (jeune fille dans son bain), Robert Chevassu (employé EDF), Yves Beneyton (jeune homme chevelu), Jean-Pierre Laverne (l'écrivain), Blandine Jeanson (l'étudiante), Claude Miller (Bouvard), Jean-Patrick Lebel (Pécuchet), Juliet Berto (la fille qui parle à Robert), Anna Manga (la fille dans la cave), Benjamin Rosette (le Noir dans la cave), Helen Scott (joueuse au billard électrique). Prix Marilyn Monroe 1967.

« Pendant que les Américains poursuivent au Viêt-nam une guerre immorale et injuste, le gouvernement français, dont tout le monde connaît les liens avec le grand capital, fait construire aux environs de Paris, autour de Paris, de grands ensembles dont les habitants, soit par ennui, soit par une angoisse que développe cette architecture, soit par des besoins économiques, sont amenés à se prostituer, notamment, incidemment, à des Américains revenus du Viêt-nam. Parallèlement à ça, cette société, qui produit aussi ces grands ensembles, distribue, sous la forme de livres de poche, une culture bon marché qui est assimilée de façon fragmentaire et assez dérisoire par les populations. Tout se passe dans un bruit très fort de marteaux piqueurs, de moteurs, de percolateurs, de matières entrechoquées qui, dans une certaine mesure, empêchent la communication » (Texte de présentation paru dans l'Avant-Scène Cinéma n° 70.)

AMOUR

Sketch de *La contestation* (Amore e Rabbia)

1967

26 mn, Techniscope, Eastmancolor.

Production : Anouchka Films, Castoro Films. *Scénario :* Jean-Luc Godard. *Images :* Alain Levent. *Montage :* Agnès Guillemot. *Musique :* Giovanni Fusco.
Interprétation : Nino Castelnuovo, Catherine Jourdan, Christine Gueho, Paolo Pozzesi.

Un couple s'interroge dans un film qui pourrait être aussi bien en cours de tournage qu'en cours de projection.

LOIN DU VIÊT-NAM

1967

Une séquence d'un film réalisé en collaboration avec Joris Ivens,

William Klein, Claude Lelouch, Chris Marker, Alain Resnais, Agnès Varda. Jean-Luc Godard expose le cas de conscience du cinéaste.

LA CHINOISE

1967

1 h 30, Eastmancolor.
Production : Anouchka Films, les productions de la Guéville, Athos Films, Parc Films, Simar Films. *Scénario :* Jean-Luc Godard. *Images :* Raoul Coutard. *Montage :* Agnès Guillemot. *Son :* René Levert. *Distribution :* Athos Films.
Interprétation : Anne Wiazemsky (Véronique), Jean-Pierre Léaud (Guillaume), Michel Semeniako (Henri), Juliet Berto (Yvonne), Lex de Bruijn (Kirilov), Omar Diop (Omar), Francis Jeanson (Francis), Blandine Jeanson (Blandine). Prix spécial du jury au Festival de Venise 1967.

Véronique est étudiante en philosophie à la Faculté de Lettres de Nanterre. Pour elle, qui se destine à l'action culturelle et à l'enseignement, les problèmes de pensée et de morale se posent en termes immédiats et concrets.

Guillaume est acteur. L'étude et l'application à son propre cas des pensées du Président Mao lui feront découvrir (vocation théâtrale de Guillaume Meister) puis approfondir (années d'apprentissage et de voyages) le chemin qui mène à un théâtre véritablement socialiste : le théâtre porte à porte.

Henri est le plus scientifique du groupe puisqu'il travaille dans un institut de logique économique.

Kirilov est nommé ainsi à cause de sa ressemblance avec le personnage décrit par Dostoïevski dans « Les possédés ». Il est peintre et chargé comme tel de la rédaction des slogans sur les murs de l'appartement.

Yvonne représente la classe paysanne. Montée à Paris pour faire des ménages, elle a échoué dans la prostitution dont Henri et les autres ont du mal à la sortir. Elle s'occupe des travaux de cuisine. La première partie du film approche les personnages, en tant qu'individus psychologiques et en tant que groupe.

Au cours d'un rapport hebdomadaire, Véronique propose l'assassinat d'une haute personnalité du monde universitaire et culturel français. Elle est approuvée par tous sauf par Henri qui défend la théorie de la coexistence pacifique avec la bourgeoisie.

Henri est exclu du groupe pour « révisionnisme ». Kirilov, hanté par la mort, se suicide. Dans le train Paris-Nanterre, Véronique rencontre Francis Jeanson et parle avec lui de l'engagement révolutionnaire. Finalement, elle accomplit son meurtre, et même un deuxième par pure maladresse.

En guise de conclusion, Guillaume récite du Racine dans les escaliers d'immeubles et Véronique prend conscience qu'elle n'a fait que les timides premiers pas d'une très longue marche.

WEEK-END

1967

1 h 35, Eastmancolor, écran large.
Production : Comacico, Copernic, Lira Films (Paris), Ascot Cineraid (Rome). *Scénario et dialogues :* Jean-Luc Godard. *Images :* Raoul Coutard. *Montage :* Agnès Guillemot. *Son :* René Levert. *Musique ;* Antoine Duhamel.
Interprétation : Jean Yanne (Roland), Mireille Darc (Corinne), Jean-Pierre Kalfon (le chef du Front de Libération de Seine-et-Oise), Jean-Pierre Léaud (Saint-Just, le minet du 16e), Yves Beneyton (membre du FLSO), Paul Gégauff (le pianiste), Daniel Pommereulle (Joseph Balsamo), Yves Alfonso (Gros Poucet), Blandine Jeanson (Emily Brontë), Ernest Menzer (le cuisinier du FLSO), Valérie Lagrange (membre du FLSO), Juliet Berto (la petite amie du fils de famille tué en voiture), Anne Wiazemsky (fille à la ferme, une terroriste du FLSO), Virginie Vignon (Marie-Madeleine), Georges Staquet (le conducteur du tracteur), Monsieur Jojot, Isabelle Pons.

Petites scènes de la vie quotidienne : courte bagarre autour d'une voiture.

En contre-jour la silhouette de Corinne, en slip et soutien-gorge. Elle raconte une de ses expériences érotiques. La musique, poussée au mixage, occulte les articulations du récit.

Samedi 10 h. Dans la cour de l'immeuble, la voiture de Roland percute une Dauphine en stationnement. Un gamin insupportable, travesti en indien, avertit ses parents. Dispute et coup de fusil.

Samedi 11 h. Long travelling le long d'un embouteillage provoqué par un accident. Roland et Corinne, qui ont réussi à passer, prennent une route secondaire et foncent à vive allure.

Un village. Un fils de famille tué dans sa voiture de sport qui est entrée en collision avec un tracteur. La petite amie du mort invective le responsable de l'accident. Des paysans hilares assistent à la dispute. Soudainement réconciliés par les injures qu'ils adressent maintenant au couple Roland-Corinne, le paysan et la jeune fille s'éloignent en se tenant tendrement. Photo de famille aux accents de l'Internationale.

Samedi 15 h. Le couple prend en stop des hôtes métaphysiques. Accident. Devant sa voiture en flammes, Corinne hurle : « Mon sac. » Jean-Pierre Léaud, costumé en révolutionnaire du XVIIIe siècle, déclame quelques pages de Saint-Just.

Dimanche. Jean-Pierre Léaud, en minet du 16e, chante Béard dans une cabine téléphonique. Le couple s'impatiente, puis lui fauche sa voiture.

Promenade dans l'apocalypse du week-end. Partout des voitures incendiées, d'épaisses couches de fumée noire. Du sang. Des cadavres. Des épaves. Les bourgeois demandent le chemin de Oinville. Ils rencontrent Emily Brontë qui leur demande le chemin de la poésie. Roland met le feu au personnage imaginaire. Le couple fouille les épaves, assiste à un concert de piano dans une cour de ferme et continue sa route. Corinne est violée par un clochard, Roland reste impassible. Après quelques tentatives infructueuses d'auto-stop, le couple supplée les éboueurs. Discours du prolétaire noir et du frère arabe. Parvenus à destination, Corinne et Roland assassinent la belle-mère et déguisent le meurtre en accident de voiture.

Les maquisards du FLSO (Front de Libération de Seine-et-Oise) attaquent les saucissonneurs du dimanche. Corinne et Roland tombent entre leurs mains. Les maquisards massacrent les porcs et les bourgeois. Après la mort de Roland, Corinne, qui a épousé la cause des insurgés, mange de la bonne côtelette d'humain.

LE GAI SAVOIR

1968

1 h 35.
Production : ORTF, Anouchka Film, Batavia Atelier (Munich). *Scénario :* Jean-Luc Godard. *Images :* Georges Leclerc. *Montage :* Germaine Cohen. *Musique :* Hymne de la Révolution cubaine.
Interprétation : Juliet Berto (Patricia Lumumba), Jean-Pierre Léaud (Émile Rousseau).

Émile et Patricia s'interrogent sur les images et les sons. Ils évoquent une théorie du cinéma qui prendra en considération la cause du peuple et qui conduira à la pratique révolutionnaire.

CINÉ-TRACTS

1968 - mai-juin

UN FILM COMME LES AUTRES

Août 1968

16 mm, 1 h 40, Ektachrome. Images de Mai 68 tournées par les États généraux du cinéma.

Conversation entre trois étudiants de Nanterre et deux ouvriers de Renault-Flins, entrecoupée d'images des événements de Mai 68 filmées par les États généraux du cinéma, et de sons pris dans diverses brochures et textes politiques du mouvement révolutionnaire depuis octobre 1917.

ONE + ONE

1968 (en Grande-Bretagne)

1 h 40, Eastmancolor, V.O. sous-titrée.
Production : Cupid Productions, Michael Pearson, Iain Quarrier. *Scénario :* Jean-Luc Godard. *Images :* Tony Richmond. *Caméraman :* Ken Rowles, assisté de Richard Dunker. *Musique :* Rolling Stones : « Sympathy for the Devil », extrait de l'album « Beggar's Banquet ».
Interprétation : Les Rolling Stones (Mick Jagger, Keith Richard, Brian Jones, Charlie Watts, Bill Wyman, Nicky Hopkins), Anne Wiazemsky, Iain Quarrier, Frank Dymon, Bernard Boston, Jack Hazan.

Premier film réalisé par Jean-Luc Godard en Angleterre et premier film avec les Rolling Stones. *One + one* est un essai poétique et politique où sont confrontés gens et groupes sociaux tous différents, mais tous concernés par le désarroi moderne.

Le film se développe au fur et à mesure que les Rolling Stones, dans un studio capitonné en rose, travaillent à l'enregistrement de leur dernier album « Beggar's Banquet » tandis que, en contrepoint, une jeune femme — Anne Wiazemsky — parcourt la ville en inscrivant des slogans sur les murs, les affiches publicitaires et les automobiles.

De longs chapitres brisent cette « continuité » en se consacrant soit aux activités d'un groupe de Noirs nationalistes retranchés dans un dépôt de voitures à la casse près de la Tamise, soit à la vie d'une librairie spécialisée dans l'édition pornographique où règne un tyranneau fasciste sur deux juifs ensanglantés, soit encore à une interview en forêt d'Anne Wiazemsky représentant la démocratie libérale et à son agonie sur une plage où une grue s'élève vers le ciel en une consécration cinématographique que Jean-Luc Godard lui-même signe en versant sur son corps le sang des cinéastes : du mercurochrome. Tout au long de One + one les personnages ou une voix off citent Eldridge Cleaver, Stokely Carmichael, Leroi Jones ou Hitler. Et pendant que les Rolling Stones répètent inlassablement « Beggar's Banquet », le Black Power fusille des femmes blanches puis indique à des journalistes noires les raisons de son mouvement, Iain Quarrier lit « Mein Kampf » dans sa boutique de revues pornographiques alors que ses clients giflent obligatoirement pour tout achat les deux juifs pacifistes, Anne Wiazemsky précise son credo politique à une équipe de cinéastes reporters avant de mourir entre le drapeau noir et le drapeau rouge sur une plage sous des pavés découverte. (Saison cinématographique 1969)

BRITISH SOUNDS

Février 1969 (en Grande-Bretagne)
1 h, Eastmancolor 7254.
Production : Kestrel Production pour South London Weekend Television. *Réalisation :* Jean-Luc Godard et Jean-Henri Roger. *Scénario :* Jean-Luc Godard et Jean-Henri Roger. *Images :* Charles Stewart. *Montage :* Élizabeth Kozmian.

Des images et ses sons pour :
— les chaînes de montage des MG de sport dans l'usine modèle de la British Motor Corporation à Oxford,
— le ventre nu d'une militante du journal Black Dwarf,
— un speaker de télévision,
— un groupe de militants ouvriers marxistes de la région d'Oxford,
— des étudiants d'Essex fabriquant des posters gauchistes,
— une main couverte de sang qui relève le drapeau rouge dans la neige et la boue.

PRAVDA

1970
1 h 16, Agfacolor.
Réalisation : Groupe Dziga Vertov. *Production :* Claude Nedjar.

Analyse critique d'images venues de Tchécoslovaquie qui dénonce le révisionnisme et la restauration du capitalisme dans les pays de l'Est.

VENT D'EST

Juin 1969 (en Italie)
16 mm, 1 h 40, Eastmancolor 7254.
Production : Polifilms (Rome), Anouchka Films (Paris), Filmkuntz (Berlin). *Réalisation :* Groupe Dziga Vertov. *Scénario :* Jean-Luc Godard, Daniel Cohn-Bendit, Sergio Bazzini. *Images :* Mario Vulpiani.
Interprétation : Gian Maria Volonte (le ranger nordiste), Anne Wiazemsky (la révolutionnaire), Paolo Pozzesi (le délégué révisionniste), Christiana Tullio Altan (la jeune bourgeoise), Allan Midgette (l'Indien), Daniel Cohn-Bendit, Georges Götz, Ryck Boyd, Marco Ferreri, Glauber Rocha.

Les structures, les clichés et les stéréotypes du western traditionnel servent de support à une réflexion sur la lutte des classes, la théorie et la pratique révolutionnaire, la démystification du cinéma bourgeois.

LUTTES EN ITALIE

1969
16 mm, 1 h 16, Eastmancolor 7254.
Production : Cosmoseidon (Rome)
pour la RAI Television. *Réalisation :* Groupe Dziga Vertov.
Interprétation : Christiana Tullio Altan, Anne Wiazemsky.

Des scènes cloisonnées de la vie quotidienne d'une jeune Italienne sont soumises à une analyse critique qui met à jour les contradictions dont elle n'avait pas conscience. Elle comprend le vrai sens d'une phrase comme « L'existence sociale des hommes détermine leurs pensées », et elle en aperçoit sa signification pratique.

VLADIMIR ET ROSA

1970
16 mm, 1 h 43 mn, couleurs.
Production : Télévision allemande de l'Ouest, Grove Press New York, Groupe Dziga Vertov. *Scénario, images, montage :* Groupe Dziga Vertov.
Interprétation : Anne Wiazemsky, Jean-Pierre Gorin, Jean-Luc Godard, Juliet Berto, Ernest Menzer, Yves Alfonso, Claude Nedar.

« Le procès des 8 » de Chicago reconstitué de manière cocasse pour ridiculiser la justice bourgeoise.

TOUT VA BIEN

1972
1 h 35, couleurs.
Production : Anouchka Films, Vicco Films, Empire Films. *Réalisation, scénario, dialogues :* Jean-Luc Godard et Jean-Pierre Gorin. *Images :* Armand Marco. *Montage :* Kenout Peltier. *Décors :* Jacques Dugied.
Interprétation : Jane Fonda (la correspondante américaine), Yves Montand (le cinéaste de publicité), Vittorio Caprioli (le patron), Jean Pignol, Pierre Oudry, Élisabeth Chauvin, Anne Wiazemsky.

Au cours d'une grève, avec occupation des lieux de travail et séquestration du patron, les délégués syndicaux sont dépassés par une base qui veut mener la lutte jusqu'au bout, sans compromis. Une journaliste américaine et son ami, cinéaste d'émissions publicitaires, venus sur place pour un reportage, sont également retenus par les grévistes. Leurs problèmes de couple, aussi bien que leurs activités professionnelles, s'en trouveront modifiés.

LETTER TO JANE

1972
16 mm, 52 mn, couleurs.
Production, réalisation, scénario : Jean-Luc Godard et Jean-Pierre Gorin.

Analyse d'une photographie de Jane Fonda parue dans l'Express du mois d'août 1972, aux côtés de Nord-Viêtnamiens.

NUMÉRO 2

1975
1 h 30, couleurs.
Production : Sonimage, Bela et SNC. *Scénario :* Jean-Luc Godard et Anne-Marie Miéville. *Images :* William Lubtchansky. *Ingénieur vidéo :* Gérard Teissèdre. *Collaborateurs techniques :* Milka Assaf et Gérard Martin. *Son :* Jean-Pierre Ruh. *Chanson :* Léo Ferré. *Distribution :* SNC.
Interprétation : Sandrine Battistella (Sandrine), Pierre Oudry (le mari), Alexandre Rignault (le grand-père), Rachel Stefanopol (la grand-mère).

Devant un équipement vidéo, Godard parle de son « usine » (l' « usine à la maison »), du travail qu'il y fait, ce travail qui est le sien. Durant ce temps, sur les écrans, des images d'actualités (Viêt-nam, Ajax d'Amsterdam, défilé du 1er Mai, discours de Georges Seguy, etc.) mêlées à des images de cinéma (*Vincent, François, Paul et les autres, La fureur du dragon, Les dévoreuses de sexe*), se succèdent très rapidement.

Le « travail » de Godard (le film) a pour sujet la vie d'un jeune couple. Pierre travaille. Sandrine non. Elle s'occupe de ses deux enfants, mais s'ennuie plus ou moins à la maison et en amour. La vie du couple est présentée sous forme de tableaux rapides centrés sur un thème (la nuit, le travail, la machine à laver, etc.) avec des titres et des commentaires.

A ces brèves scènes, s'ajoutent d'autres séquences où apparaissent les grands-parents : elle, sans cesse occupée à des tâches ménagères ; lui, racontant ses souvenirs de militant de la 3e Internationale. Les enfants (Nicolas et Vanessa) interviennent également dans le discours du cinéaste qui, aux dernières images, réapparaît à l'écran devant son équipement.
(Saison cinématographique 76. J. Chevallier.)

COMMENT ÇA VA

1975
1 h 15, couleurs.
Production : Sonimage, Bela, SNC. *Réalisation et scénario :* Anne-Marie Miéville et Jean-Luc Godard.

Un syndicaliste CGT de la presse participe à un reportage vidéo effectué dans l'imprimerie d'un journal communiste. Odette, militante gauchiste, remet en cause les procédés de fabrication de l'information. Le syndicaliste écrit à son fils qui, dans sa province, consomme cette information. Le reportage vidéo est l'occasion d'une réflexion qui amène une condamnation sévère de l'abus de pouvoir des journalistes. A tel point qu'il ne sera pas achevé. Il dérangeait ceux qui font l'information.

ICI ET AILLEURS

1970-1976
1 h, couleurs.
Production : Sonimage et INA. *Réalisation :* Jean-Luc Godard et Anne-Marie Miéville. *Images :* William Lubtchansky.

Ici, c'est une famille de Français moyens devant leur écran de télévision. Ailleurs, ce sont les combattants palestiniens filmés avant les massacres de Septembre noir. Les images ramenées du Liban et de Jordanie en 1970-71, et qui devaient servir à un long métrage à la gloire de la cause palestinienne (*Jusqu'à la victoire*), ont été utilisées pour une réflexion plus théorique sur les problèmes de la communication.

SIX FOIS DEUX, SUR ET SOUS LA COMMUNICATION

Production : INA (Paris), Sonimage (Grenoble). *Scénario et réalisation :* Jean-Luc Godard et Anne-Marie Miéville. *Ingénieur vidéo :* Gérard Teissèdre. *Images :* William Lubtchansky, assisté de Dominique Chapuis. *Montage :* Anne-Marie Miéville.

Une série de douze émissions télévisées diffusées par deux, pendant six semaines consécutives :

1) *Y'a personne*
Jean-Luc Godard s'entretient avec des chômeurs et chômeuses venus chercher du travail dans sa petite entreprise.
Louison
Un paysan parle de son métier et des problèmes actuels de l'agriculture.

2) *Leçons de choses*
Dans un café, discussion de travail entre deux types qui se communiquent leurs sentiments et réflexions à partir de sentiments divers. L'une part plutôt d'un système d'explication du monde qu'il démontre à l'aide d'images et de sons assemblés dans un ordre certain. L'autre part plutôt d'images et de sons qu'il assemble dans un certain ordre pour se faire une idée du monde.
Jean-Luc
Jean-Luc Godard parle de la communication.

3) *Photo et compagnie*
Analyse du processus de la fabrication de la photographie d'un événement social.
Marcel
Un cinéaste amateur parle de son désir et montre un peu comment il travaille et ne travaille pas à ce désir : enregistrer la nature, regarder un paysage et se mettre à son écoute.

4) Pas d'histoire

Quelques histoires inventées par les hommes et qui, sous leurs apparences légères, pèsent lourd leur poids de fausse monnaie.

Anne-Marie

Une femme parle de choses qu'aucun homme ne peut inventer.

5) Nous trois

« Le troisième », ce peut être, par exemple, un enfant entre un homme et une femme, un délégué entre un maître et un esclave, un savoir entre un élève et un patron.

René

Interview du mathématicien René Thom.

6) Avant et après

Un bilan des images et des sons récoltés.

Jacqueline et Ludovic

« On » dit d'eux qu'ils sont malades. Mais qui est malade ? Et qui peut dire qui l'est ?

FRANCE TOUR DÉTOUR DEUX ENFANTS

(douze émissions télévisées d'une vingtaine de minutes)

1980

Production : INA. *Scénario et réalisation :* Jean-Luc Godard et Anne-Marie Miéville. *Technique :* William Lubtchansky, Dominique Chapuis, P. Rony.

Interprétation : Camille Virolleaud et Arnaud Martin (les enfants), Betty Berr et Albert Dray (les présentateurs).

Une série de douze émissions télévisées qui permet à Jean-Luc Godard de refaire à sa façon « le Tour de France de deux enfants » de G. Bruno. Camille et Arnaud, âgés de dix ans, sont interrogés à divers moments de leur journée. C'est Jean-Luc Godard qui leur pose des questions sur des sujets qu'on n'aborde guère avec les enfants. Le thème de l'émission (que Jean-Luc Godard appelle des « mouvements ») est alors vu à travers le comportement de ceux qu'il nomme « les monstres », c'est-à-dire les acteurs des scènes quotidiennes de la vie moderne. Les présentateurs d'un journal télévisé fictif, Betty et Albert, commentent certaines images et racontent « une histoire ». Les mots-clés interviennent sous forme d'impacts visuels qui précisent les thèmes de réflexion : « Vérité, télévision, histoire ». On parle de l'« image », de la « lumière », ou de couples comme « violence-grammaire, désordre-calcul, pouvoir-musique, inconnu-technique, impression-dictée, expression-français, roman-économie, réalité-logique, rêve-morale ».

SAUVE QUI PEUT LA VIE

1979

1 h 28, couleurs.

Production : Sara Films, MK2, Saga Production, Sonimage, CNC, ZDF, SSR, ORF. *Producteurs délégués :* Alain Sarde et Jean-Luc Godard. *Scénario et dialogues :* Jean-Claude Carrière et Anne-Marie Miéville. *Images :* William Lubtchansky, Renato Berta, Jean-Bernard Menoud. *Montage :* Anne-Marie Miéville, Jean-Luc Godard. *Directeur artistique :* Romain Goupil. *Son :* Luc Yersin, Jacques Maumont, Oscar Stellavox. *Musique :* Gabriel Yared. *Distribution :* MK2 Diffusion.

Interprétation : Isabelle Huppert (Isabelle Rivière), Jacques Dutronc (Paul Godard), Nathalie Baye (Denise Rimbaud), Roland Amstutz (le PDG), Fred Personne (monsieur Personne), Anna Baldaccini (la sœur d'Isabelle), Dore de Rosa (liftier), Monique Barscha (la cantatrice), Cécile Tanner (la fille de Paul), Michel Cassagne (Piaget), Paule Muret (l'ex-femme de Paul), Catherine Freiburghaus (la fille de ferme), Claude Champion (l'inconnu), Gérard Battaz (le motard), Angelo Napoli (le fiancé italien), Serge Maillard (l'entraîneur), Marie-Luce Felber (l'inconnue), Guy Lavoro (secrétaire), Michelle Gleiser (l'amie), Maurice Buffet (un client), Nicole Jacquet, Roger Jendly, Bernard Cazassus, Éric Desfosse, Nicole Wicht, Irène Floersheim, Serge Desarnault, Giorgiana Eaton.

Le film s'organise comme une partition musicale composée de quatre mouvements intitulés : « L'imaginaire, la peur, le commerce, la musique ».

Le premier mouvement est l'itinéraire de Denise Rimbaud qui abandonne la ville et son travail à la télévision pour aller vivre à la campagne. Elle part à bicyclette, sur les routes, après sa rupture avec Paul. Leurs relations étaient devenues violentes et impossibles.

Deuxième mouvement : Paul Godard, producteur d'émissions de télévision, ne peut envisager de quitter la ville et son travail. Il a peur de la solitude après le départ de Denise, et se sent incapable de reprendre des relations normales avec son ex-femme et sa fille.

Troisième mouvement : Isabelle, d'origine campagnarde, est prostituée dans la grande ville. Elle se livre aux caprices sexuels d'hommes riches et obsédés. Elle accepte, moyennant partage, d'initier sa sœur, qui a besoin d'argent, au métier de pute. C'est le commerce.

Quatrième mouvement : Paul a rencontré Isabelle qui a fini par louer l'appartement de la grande ville, abandonné par Denise et que Paul n'a pas voulu lui relouer. Tan-

dis que les musiciens jouent le thème du film, Paul, dans la rue, est accroché par une voiture. Il se tâte, pense qu'il n'a rien et en déduit qu'il n'est pas en train de mourir. Tandis qu'il est étendu sur le sol, son ex-femme feint de ne pas le voir et part en entraînant sa fille.

(Saison cinématographique 1981, André Cornand.)

LETTRE A FREDDY BUACHE

1982

11 mn, couleurs.

Réalisation et scénario : Jean-Luc Godard.

Jean-Luc Godard adresse une lettre audiovisuelle à Freddy Buache, fondateur de la Cinémathèque suisse. Il est question d'un film de commande sur Lausanne (on a donné de l'argent pour un film sur, et on a fait un film de). Jean-Luc Godard parle du cinéma, de la lumière, des mouvements, des couleurs. Un contrôle policier mesquin lui fait manquer les dix secondes de lumière sans lesquelles le cinéma est en danger de mort. On voit aussi des habitants de Lausanne dont les visages sont pathétiques et beaux, même si leur pays est riche.

PASSION

1982

1 h 27, Eastmancolor.

Production : Sara Films, Sonimage, Films A2, Film et Vidéo Production SA (Lausanne), SSR. *Scénario, dialogues, montage :* Jean-Luc Godard. *Images :* Raoul Coutard. *Musique :* Mozart, Dvorak, Beethoven, Fauré. *Son :* François Muzy.

Interprétation : Isabelle Huppert (Isabelle), Hanna Schygulla (Hanna), Michel Piccoli (Michel Boulard), Jerzy Radziwilowicz (Jerzy), Laszlo Szabo (le producteur), Sophie Lucatchevsky, Jean-François Stévenin, Ezio Ambrosetti, Magaly Champos.

Jerzy tourne un film sur le grand plateau d'un studio. Il essaye de reconstituer sur pellicule quelques toiles de maîtres. Passionné d'absolu, il ne parvient pas à capter la lumière qu'avaient su trouver les peintres. Ces exigences condamnent l'équipe à de longues attentes. L'atmosphère est encore alourdie par la présence d'un producteur qui exige « une histoire ».

Non loin de là, Isabelle, ouvrière dans l'usine que dirige Paul Boulard, vient d'être renvoyée. Elle veut faire valoir ses droits. Hanna, la femme de Paul Boulard, dirige un

hôtel ; elle entretient une liaison amoureuse avec le cinéaste, tandis que son mari est poursuivi par ses créanciers.

Jerzy recrute des figurantes parmi les ouvrières. Sur le plateau de tournage et à l'usine, les rapports d'exploitation et d'aliénation sont quelque peu semblables. Isabelle devient la maîtresse de Jerzy avant que le groupe de personnages ne se disloque définitivement.

PRÉNOM CARMEN

1983.

75 mn.

Production Sara-Films - JLG films. *Producteur délégué :* Alain Sarde. *Directeur de production :* Bernard Bouix. *Scénario et adaptation :* Anne-Marie Miéville. *Directeur de la photographie :* Raoul Coutard. Eastmancolor. *Cameraman :* Jean Garcénot. *Montage :* Suzanne Lang-Willar. *Costumes :* Renée Renard. *Musique :* Beethoven, quatuors 9, 10, 14, 15 et 16, enregistrés par le quatuor Prat (Jacques Prat, Roland Dangarek, Bruno Pasquier, Michel Strauss). *Chanson :* « Ruby's Arms » par Tom Waits. *Son :* François Musy.

Interprétation : Maruschka Detmers (Carmen X.), Jacques Bonnaffé (Joseph), Myriam Roussel (Claire), Christophe Odent (le chef), Hyppolite Girardot (Fred), Bertrand Liebert (garde du corps), Alain Bastien-Thiry (le valet du grand hôtel), Jean-Pierre Mocky (le malade qui crie « Y a-t-il un Français dans la salle ? »), Jean-Luc Godard (J.-L.G.).

Lion d'or au Festival de Venise 1983.

Des vagues sur le littoral. Des musiciens qui répètent les quatuors de Beethoven. Carmen vient rendre visite à son oncle J.-L.G., cinéaste célèbre, malade et sans contrat. Elle fait irruption dans sa chambre d'hôpital et lui demande de lui prêter son appartement vide de Trouville, afin d'y tourner un film dont la réalisation serait d'ailleurs confiée à l'oncle Jeannot. J.-L.G. accepte.

En fait, Carmen fait partie d'une bande de malfaiteurs qui attaquent une banque. Au cours du hold-up sanglant, Carmen et Joseph, un gendarme chargé de la protection de la banque, tombent passionnément amoureux l'un de l'autre.

Joseph, qui a arrêté Carmen, préfère suivre sa captive vers l'appartement de l'oncle et l'aimer toute une nuit.

Carmen se lasse très vite de l'amour exclusif de Joseph. Le gendarme déserteur essaye en vain de rester près de Carmen en participant à une tentative d'enlèvement d'un capitaliste. Carmen le repousse maintenant sans ménagement et l'humilie en faisant l'amour avec un valet de l'hôtel où la bande s'est installée. Tout est prêt pour le tournage du pseudo-film qui doit servir de couverture à l'enlèvement. J.-L.G. refuse de collaborer au film. Tandis que des coups de feu éclatent, la police fait irruption dans l'hôtel. Joseph tue Carmen.

Dans cet affrontement désespéré, Jean-Luc Godard respecte la trilogie du mythe : PASSION-JALOUSIE-MORT. Il l'insère dans un contexte bien à lui, fait de ses multiples et opiniâtres préoccupations : le glissement de sens des mots, le sort des images emmagasinées chez les nouveaux riches de la vidéo-cassette, la finalité du cinéma d'auteur qui ne parvient pas à atteindre les gens au bon moment, l'écran qui irait aux choses comme le linge de Véronique, la télévision sans images où l'éclairage a remplacé la lumière. Une trouvaille visuelle reste à tout jamais gravée dans la mémoire. Une main, en ombre, sur fond bleuté scintillant. Le recul de la caméra ôte tout mystère. Joseph, brisé par Carmen, est affalé sur un poste de télévision allumé sans émission. Sa main occupe la surface du petit écran.

Ce plan a la beauté de tous les crépuscules. Il annonce la fin tragique d'un amour passionné, il annonce aussi le déclin d'un cinéma qui disparaîtra peut-être en même temps que le J.-L.G. du film, puisque l'art et l'homme appartiennent à une même génération. D'ailleurs, en fin de film, J.-L.G., après une sortie à la Marx Brothers, refuse de collaborer avec ces soi-disant cinéastes qui n'ont que le mot « Professionnels » à la bouche. *Prénom Carmen* devient le cinéma splendide de la fin d'un monde. Or, le crépuscule, comme l'a par ailleurs si bien dit Jean-Luc Godard, c'est aussi l'espoir.

Dans l'apocalypse en huis clos luxueux qui termine le film, Carmen va mourir. Elle demande à un valet du grand hôtel, « comment ça s'appelle quand tous les coupables agonisent dans un coin et les innocents dans l'autre ? ». On entend les derniers mouvements du rondo alla polaca de Beethoven mélangés à la voix de Joseph qui crie Carmen, Carmen...

Le valet, regardant les dernières lueurs du jour à travers la verrière, répond, après avoir longtemps cherché :

« Je crois que ça s'appelle l'aurore, mademoiselle. »

C'est le mot de la fin qu'avait vainement cherché l'un des personnages de *Passion*.

Mais c'est peut-être aussi un mot de début qui fera de ce film unique un repère essentiel dans la mutation ou la métamorphose d'un art.

Bibliographie

LIVRES DE JEAN-LUC GODARD

Jean-Luc Godard par Jean-Luc Godard (Éd. Pierre Belfond, coll. Cahiers du Cinéma).
Introduction à une véritable histoire du cinéma (Éd. Albatros).

LIVRES SUR JEAN-LUC GODARD

Jean Collet : *Jean-Luc Godard* (Éd. Seghers, Coll. Cinéma d'Aujourd'hui, n° 18).
Michel Estève : *Jean-Luc Godard au-delà du récit* (Coll. Études cinématographiques).
Michel Vianey : *En attendant Godard* (Grasset).
Focus on Godard (Royal S. Brown), Grande-Bretagne.

DÉCOUPAGES ET TEXTES DE FILMS

Charlotte et son Jules : L'Avant-Scène Cinéma n° 5.
Une histoire d'eau : L'Avant-Scène Cinéma n° 7.
À bout de souffle : L'Avant-Scène Cinéma n° 79.
Le petit soldat : Cahiers du Cinéma n°ˢ 119 et 120.
Une femme est une femme : extrait dans le livre de Jean Collet.
Vivre sa vie : L'Avant-Scène Cinéma n° 19.
Les carabiniers : L'Avant-Scène Cinéma n° 171-172.
Le grand escroc : L'Avant-Scène Cinéma n° 46.
Le mépris : extrait dans le livre de Jean Collet.
Une femme mariée : L'Avant-Scène Cinéma n° 46.
Alphaville : en anglais, Lorrimer 1966.
Pierrot le fou : L'Avant-Scène Cinéma n° 171-172 ; extrait dans La Revue du Cinéma-Image et Son n° 211.
Made in USA : en anglais, Lorrimer 1967 ; extrait dans La Revue du Cinéma-Image et Son n° 211.
2 ou 3 choses que je sais d'elle : L'Avant-Scène Cinéma n° 70.
La Chinoise : L'Avant-Scène Cinéma n° 114.
Le gai savoir : L'Avant-Scène Cinéma n° 171-172 ; Les Cahiers du Cinéma n° 200-201 (bande son).
Cinétracts : L'Avant-Scène Cinéma n° 171-172.
Un film comme les autres : L'Avant-Scène Cinéma n° 171-172.
British Sounds : L'Avant-Scène Cinéma n° 171-172.
Vent d'Est : Cahiers du Cinéma n° 240 (bande son).
Pravda : Cahiers du Cinéma n° 240 (bande son).
Luttes en Italie : Cahiers du Cinéma n° 238-239 (bande son).

ALBUM

A bout de souffle (Balland).

ALBUM DIAPOSITIVES

120 clichés *(L'Avant-Scène Cinéma)* de 1958 à 1969.

ARTICLES, ÉTUDES ET OUVRAGES DE RÉFÉRENCE

Cahiers du Cinéma : (Claude Ollier), n° 153.
Cahiers du Cinéma : L'affaire Langlois, n° 199, n° 200/201.
Cahiers du Cinéma : Versus Godard (Bernardo Bertolucci), n° 186.
Cahiers du Cinéma : Le point sur l'image (Jean-Louis Comolli), n° 194 ; Une libre variation de certains faits (Jacques Bontemps).
Cahiers du Cinéma : Jean-Luc Godard ou l'urgence de l'art (M. Delahaye), n° 187.
Cahiers du Cinéma : Le Groupe Dziga Vertov n°ˢ 220-221, 228, 238, 240.
Cahiers du Cinéma : J.-L. Godard, n° 262-263.
Cahiers du Cinéma : En attendant *Passion*, n° 336.
La Revue du Cinéma-Image et Son : numéro spécial 211.
La Revue du Cinéma-Image et Son : Godard dans la nuit (Guy Gauthier), n° 324.
La Revue du Cinéma-Image et Son : Cinéma et politique n° 238.
Cinématographe : Le petit théâtre de J.-L. Godard (J.-Cl. Bonnet), n° 41.
Jeune Cinéma : Godard vu par les enfants de Marx (sans Coca-cola), n° 31.
Scripto-visuel du cinématographe (Rencontres de Lure), août 76, Gérard Blanchard.
Travelling : n° 1, octobre 1967, J.-L. Godard et le nouveau cinéma (Michel Sandras).
Cinéma 70 : Godard le Vaudois, n° 147.
Cinéma 75 : B. Brecht et le cinéma (Jacques Petat), n° 203.
International Film Guide (G.-B.) : 1974 (Peter Cowie).
Take One (Montréal) : n° 10, vol. 2, 1971.
Ciné-Metz : Spécial J.-L. Godard n° 2, avril 1967.
CinémAction (Théories du cinéma) : Joël Magny.
James Monaco : *The New Wave* Oxford University Press (New York, 1976).

INTERVIEWS ET TEXTES DE JEAN-LUC GODARD

L'Express : 28 décembre 1959 (Michèle Manceaux).
Le Monde : 21 septembre 1962 (Nicole Zand).
Télérama : n° 663, 3 octobre 1962 (Jean Collet, à propos de *Vivre sa vie*).
Cahiers du Cinéma : Spécial Nouvelle Vague n° 138.
Les Lettres françaises : 19 novembre 1964 (Gérard Guégan et Michel Petris).
Les Lettres françaises : 14 mai 1964 (Godard or not Godard, Raymond Bellour).
Cinéma 65 : n° 94, mars 1965 ; Le dossier du mois, Godard par Godard.
Cahiers du Cinéma : Parlons de Pierrot, n° 171.
Cahiers du Cinéma : n° 177.
Cahiers du Cinéma : n° 194, Lutter sur deux fronts (très important).
Travelling : n° 1, oct. 1967.
Cinéma International : n° 16, 1967, Jean-Luc Godard à Alger.
La Revue du Cinéma-Image et Son : (Philippe Pilard) n° 211.
Cinéma 70 : Le groupe Dziga Vertov (Marcel Martin).
Tribune socialiste : Entretien avec Godard (23-1-69).
Cahiers du Cinéma : n° 184, Trois mille heures de cinéma.
Le Monde : 27 avril 1972, Pour mieux écouter les autres (J.-L. Godard) ; Des travailleurs artistiques de l'information (J.-P. Gorin).
Cahiers du Cinéma : Propos rompus n° 316 (à propos de *Sauve qui peut, la vie*).
Télérama : Godard dit tout, n° 1486 et suivants, 7 entretiens et une conclusion de J.-L. Douin.
Télérama : n° 1689 (à propos de *Passion*).
Cahiers du Cinéma : n° 336 (autour de *Passion*). Et surtout : Cahiers du Cinéma n° 300 (n° spécial).

A bout de souffle

Jean Domarchi (Cahiers du cinéma n° 105).
Marcel Martin (Cinéma 60 n° 46).
René Guyonnet (L'Express, 17 mars 1960).
Jacques Chevallier (Image et Son n° 130).
Georges Sadoul (Les Lettres françaises n° 828).
Claude Mauriac (Le Figaro Littéraire, 19 mars 1960).
Claude Choublier (France Observateur, 24 mars 1960).
Gilbert Salachas (Fiche Téléciné n° 89).
Fiche programmation UFOLEIS (Image et Son n° 176-177).
Jean Collet (L'Avant-Scène Cinéma n° 79).

Le petit soldat

Marcel Martin (Cinéma 63 n° 74).
Noël Simsolo (Fiche UFOLEIS, Image et Son n° 274).
Georges Sadoul (Les Lettres françaises n° 848).
Jean Collet (Télérama n° 682).

Une femme est une femme

Michel Capdenac (Les Lettres françaises, 14 septembre 1961).
Louis Marcorelles (France Observateur, 14 septembre 1961).
Claude Mauriac (Le Figaro Littéraire, 19 septembre 1961).
André S. Labarthe (Cahiers du Cinéma n° 125).

Vivre sa vie

Jean-André Fieschi (Cahiers du Cinéma n° 137).
Henry Chapier (Combat, 24 septembre 1962).
Claude Mauriac (Le Figaro Littéraire, 22 septembre 1962).
Marie-Claude Mercier (Fiche UFOLEIS, Image et Son n° 297 bis).
Raymond Lefèvre et Guy Gauthier (Image et Son n° 156).

Les carabiniers

Paul Vecchiali (Cahiers du Cinéma n° 146).
Noël Simsolo (Fiche UFOLEIS, Image et Son n° 274).
Henry Chapier (Combat, 4 juin 1963).
Jean Collet (Télérama n° 700).
Georges Sadoul (Les Lettres françaises, 6 juin 1963).
Jean-Luc Godard (Feu sur Les Carabiniers, Cahiers du Cinéma n° 146).
Jean Collet (L'Avant-Scène Cinéma n° 171-172).

La paresse

Michel Delahaye (Cahiers du Cinéma n° 132).

Le mépris

René Gilson (Cinéma 64 n° 83).
Dominique Païni (Cinéma 81 n° 275).
Michel Vianey (L'Express, 30 mai 1963 - reportage).
Philippe Le Guay (Cinématographe n° 72).

Montparnasse-Levallois

André Téchiné (Cahiers du Cinéma n° 172).

Bande à part

Pierre Kast et Jacques Bontemps (Cahiers du Cinéma n° 159).
Pierre Billard (Cinéma 64 n° 89).
Guy Gauthier (Image et Son n° 178).
Jean Collet (Télérama n° 701).
Alain Vanier (Les Lettres françaises, 20 octobre 1964).

Une femme mariée

Michel Thévoz (Cahiers du Cinéma n° 163).
Françoise Giroud (L'Express, 7 décembre 1964).
Michel Cournot (Le Nouvel Observateur, 3 décembre 1964).
Philippe Pilard (Image et Son n° 179).
Marie-Claire Ropars-Wuilleumier (Esprit, février 1965).
Jacques Doniol-Valcroze (L'Avant-Scène Cinéma n° 46).

Alphaville

Jean-Louis Comolli (Cahiers du Cinéma n° 168).
Gilles Jacob (Cinéma 65 n° 97).
Abraham Segal (Fiche UFOLEIS, Image et Son n° 233).
Marie-Claire Ropars-Wuilleumier (Esprit, septembre 1965).

Pierrot le fou

Jean-Luc Godard (Cahiers du Cinéma n° 171).
Jean-André Fieschi et André Téchiné (Cahiers du Cinéma n° 171).
Michel Caen (Cahiers du Cinéma n° 174).
Gilles Jacob (Cinéma 65 n° 101).
Noël Simsolo (Fiche UFOLEIS, Image et Son n° 244).
Jacques Bérard (Fiche Téléciné n° 126).

Masculin féminin

Georges Sadoul (Les Lettres françaises, 5 mai 1966).
François Albéra (Travelling, Lausanne n° 16).

Made in USA

Bernardo Bertolucci (Cahiers du Cinéma n° 186).
Michel Duran (Le Canard enchaîné, 1er février 1967).
Henry Chapier (Combat, 7 février 1967).
Pierre Marcabru (Arts, 28 décembre 1966).
Gilles Jacob (Cinéma 67 n° 113).
Pierre Daix (Les Lettres françaises, 22 décembre 1966).
Marie-Claire Ropars-Wuilleumier (Esprit, avril 1967).

2 ou 3 choses que je sais d'elle

Jean Narboni (Cahiers du Cinéma n° 186).
Raymond Lefèvre (Image et Son n° 207).

Sylvain Godet et André Téchiné (Cahiers du Cinéma n° 190).
Jean-Louis Bory (Le Nouvel Observateur, 22 mars 1967).
Henry Chapier (Combat, 17 mars 1967).
Christian Zimmer (Les Temps modernes n° 252).
Jean Collet (Télérama, 2 avril 1967).

Anticipation

Michel Cournot (Le Nouvel Observateur, 19 juillet 1967).
Jean-Louis Comolli (Cahiers du Cinéma n° 191).

Loin du Viêt-nam

Marie-Claire Ropars-Wuilleumier (Esprit, avril 1968).
Christian Zimmer (Les Temps modernes n° 261).

La Chinoise

Pierre Dubœuf (Cahiers du Cinéma n° 195 et n° 196).
Jean-Louis Comolli et Jacques Bontemps (Cahiers du Cinéma n° 194).
Fernand Dufour (Ciné-club Méditerranée, hiver 1968).
François Chevassu (Image et Son n° 210).
Alain Jouffroy (L'Avant-Scène Cinéma n° 114).
Claude Mauriac (Le Figaro Littéraire, 10 septembre 1967).
Agnès Varda (Jeune Cinéma n° 47).
Guy Gauthier (Saison cinématographique 68).
Marie-Claire Ropars-Wuilleumier (Esprit, novembre 1967).

Week-end

Jacques Aumont (Cahiers du Cinéma n° 199).
Jean Collet (Cahiers du Cinéma n° 199).
Raymond Lefèvre (Image et Son n° 213).
Claude-Michel Cluny (Nouvelle revue française n° 183).
Marie-Claire Ropars-Wuilleumier (Esprit, mars 1968).

Le gai savoir,
Un film comme les autres

Jean-André Fieschi (Quinzaine littéraire, 15 janvier 1969).
Abraham Segal (L'Avant-Scène Cinéma, n° 171-172).

One + One

Jean-Pierre Oudart (Cahiers du Cinéma n° 213).
Yann Lardeau (Cahiers du Cinéma n° 333).
Gérard Courant (Cinéma 82 n° 279).
Gérard Lenne (Les Nouvelles littéraires, 11 mars 1982).
Henry Chapier (Combat, 9 mai 1969).
Mireille Amiel (Cinéma 69 n° 138).
Jean Collet (Télérama n° 1008).
Jean-Louis Bory (Le Nouvel Observateur, 12 mai 1969).

Cinétracts, British Sounds, Vent d'Est, Vladimir et Rosa, Luttes en Italie

Abraham Segal (L'Avant-Scène Cinéma n° 171-172).

Tout va bien

Groupe Lou-Sin (Cahiers du Cinéma n° 238).
La Critique et *Tout va bien* (Cahiers du Cinéma n° 240).

Ici et ailleurs

Guy Gauthier (La Revue du Cinéma-Image et Son n° 324).
Guy Braucourt et Guy Hennebelle (Écran 76 n° 51).
Albert Cervoni (France Nouvelle, 9 juin 1976).
René Prédal (Jeune Cinéma n° 101).
Jacques Grant (Cinéma 76 n° 214).

Comment ça va

Alain Bergala (Cahiers du Cinéma n° 290-291).

François Cuel (Cinématographe n° 38).
Joël Magny (Cinéma 78 n° 234).

Letter to Jane

Monthly Film Bulletin (juillet 1975, vol. 2).

6 fois 2

Gilles Deleuze (Cahiers du Cinéma n° 271).
Gérard Frot-Coutaz (Cinéma 76 n° 215).

Numéro 2

Serge le Péron, Serge Toubiana, Thérèse Giraud, Louis Skorecki, Serge Daney (Cahiers du Cinéma n° 262-263).
Mireille Amiel (Cinéma 75 n° 203).
Charles Bechtold (Cinématographe, novembre 1975).

France Tour Détour, Deux enfants

Alain Bergala et Jérôme Prieur (Cahiers du Cinéma n° 301).
Marcel Martin et Raymond Lefèvre (La Revue du Cinéma n° 351).
Communication au 3e congrès des Sciences de l'information et de la communication, Georges Gaudu, INFORGOM 82).

Sauve qui peut, la vie

Pascal Bonitzer, Jean Narboni (Cahiers du Cinéma n° 316).
Jean-Pierre Oudart (Cahiers du Cinéma n° 317).
Joshka Schidlow (Télérama n° 1605).
Joël Magny, Gérard Courant (Cinéma 80 n° 263).
Raphaël Bassan, Marcel Martin (La Revue du Cinéma n° 354).

Lettre à Freddy Buache

Pierre Borker (Cinéma 82 n° 287).

Passion

Jean-Jacques Henry, Serge Toubiana (Cahiers du Cinéma n° 336).
Alain Bergala (Cahiers du Cinéma n° 338)
Raphaël Bassan (La Revue du Cinéma n° 374).
Jean-Claude Bonnet, Michel Celemenski (Cinématographe n° 79).
Jean-Luc Douin (Télérama n° 1689).
Joël Magny, Mireille Amiel (Cinéma 82 n° 283-284).

ACHEVÉ D'IMPRIMER EN SEPTEMBRE 1983
SUR LES PRESSES DE L'IMPRIMERIE CLERC
A SAINT-AMAND-MONTROND (CHER)
POUR LE COMPTE D'EDILIG,
SERVICE ÉDITION DE LA LIGUE FRANÇAISE DE L'ENSEIGNEMENT
ET DE L'ÉDUCATION PERMANENTE
DÉPÔT LÉGAL IMPRIMEUR N° 2789